Sandra Müller-Hoffmann

66 Spielideen Erdkunde

Auer

Bildquellen:

S. 29 Abbildung Taschengrundwissen © Sandra Müller-Hoffmann
S. 32 Clownfisch © Kletr – shutterstock.com
S. 33 Abbildung Deutschland-Mensch-ärgere-dich-nicht © Sandra Müller-Hoffmann
S. 39 Abbildung Karte im Kopf © Sandra Müller-Hoffmann
S. 41 Berge © MEV Agency UG, Germany

4. Auflage 2024

Autor*innen: Sandra Müller-Hoffmann
Illustrationen: Steffen Jähde, Hendrik Kranenberg, Thorsten Trantow
Umschlagfoto: Fotolia
Satz: Fotosatz H. Buck, Kumhausen
Druck und Bindung: Druckerei Joh. Walch GmbH & Co. KG
ISBN 978-3-403-**07764-0**

www.auer-verlag.de

7 Spielerische Stimmungsbilder und Meinungsaustausch

8 Bewegungs- und Spaßspiele

Schüler wollen spielen.
Spielen macht Spaß und schafft so auf einfache Weise eine hohe Motivation.

Erdkundelehrer wollen spielen.
Wer den Zugang zu spielerischen Methoden einmal gefunden hat, der schätzt sie hoch: In allen Kompetenzbereichen des Erdkundeunterrichts lassen sie sich gewinnbringend einsetzen. Spielerisch kann geografisches Fachwissen und die räumliche Orientierung trainiert, die Kommunikations- und die Sozialkompetenz unserer Schüler gefördert werden. Spiele können zum Bewerten und Beurteilen und letztendlich auch zum Handeln anregen.

Spielen eröffnet Räume im Unterricht für Selbstständigkeit und Selbsttätigkeit:

Spielraum schafft Kreativität.

Ich möchte Sie ermutigen, kreativ zu sein. Je mehr Sie sich mit spielerischen Methoden befassen und diese in Ihrem Unterricht einsetzen, umso größer werden Ihre Handlungskompetenz und Ihr Ideenreichtum: Wandeln Sie Spiele ab, erfinden Sie neue! Fordern Sie diese Kreativität auch von Ihren Schülern ein!

Die „66 Spielideen Erdkunde“ sind eine Sammlung von unterschiedlichsten Spielen, die mir im Unterrichtsalltag begegnet sind. Darunter befinden sich altbekannte Klassiker, Ideen aus jahrelanger Seminararbeit, Spiele, die ich in Hospitationen bei Referendaren gesehen habe, sowie Eigenkreationen.

Hinweise für den Einsatz im Unterricht:
- Die Spielregeln sind möglichst einfach und bieten meist viel Platz für Spontaneität.
- Die Lehrkraft erklärt das Spiel, dann erst wird das Material verteilt oder die Sitzordnung geändert.
- Die Regeln können am Tageslichtprojektor, als Mini-Arbeitsblatt oder als Gruppenkarte visualisiert werden.
- Ich empfehle einen kurzen „Sicherheits-Check“: Wer weiß nicht genau, was er nun tun muss?
- Es kann vorteilhaft sein, nicht alles auf einmal zu erklären, sondern nur jeweils den nächsten Schritt. So bleibt es spannend und Anweisungen werden nicht vergessen.
- Die Teilnahme an einem Spiel ist freiwillig. Wenn ein Schüler, auch nach Ermutigung, nicht mitmachen will, dann respektieren Sie seinen Wunsch. Geben Sie ihm währenddessen einen anderen Arbeitsauftrag, z. B. könnte er als Beobachter fungieren und seine Eindrücke über den Spielablauf der Klasse im Nachhinein beschreiben.
- Seien Sie Vorbild und spielen Sie, wann immer möglich, mit.
- Sorgen Sie für eine angenehme, produktive, respektvolle Atmosphäre.

Tipps für die Durchführung in lebhaften Klassen:
- Beginnen Sie mit kurzen, einfachen Spielen. Die Schüler müssen langsam an spielerische Methoden herangeführt werden.
- Erklären Sie einer lebhaften Klasse die Vorteile von Unterrichtsspielen und machen Sie der Klasse bewusst, dass der Einsatz von Spielen keine Selbstverständlichkeit Ihrerseits ist.

- Formulieren Sie Ihre disziplinären Erwartungen an die Schüler klar und deutlich vor dem Spiel.
- Machen Sie der Klasse bewusst, dass jeder einzelne Schüler die Kraft besitzt, den Ablauf des Spieles zu stören. Verdeutlichen Sie aber auch, dass Sie damit nicht rechnen.
- Brechen Sie das Spiel ab, wenn es zu disziplinären Schwierigkeiten kommt. Erklären Sie sachlich, warum Sie das Spiel beendet haben und wann Sie das nächste Mal spielen werden, z. B. in der nächsten Unterrichtsstunde.
- Bekräftigen Sie Ihre Klasse mit positiven Rückmeldungen, wenn sie sich vorbildlich verhält.
- Spielen Sie dynamisch und zügig, sonst besteht die Gefahr, dass Unruhe entsteht und der eigentliche Zweck des Spiels verloren geht.
- Sprechen Sie nach dem Spielen mit den Schülern kurz über den Ablauf, z. B.
  - Wie hat euch dieses Spiel gefallen?
  - Möchtet ihr dieses Spiel wieder einmal machen?
  - Was habt ihr Neues gelernt oder über euch erfahren?
  - Was ist euch an diesem Spiel leicht/schwer gefallen?
  - Welche Beispiele von guter Zusammenarbeit habt ihr entdeckt?

Hinweise für gelungenes Feedback:
Schüler geben sich gegenseitig in der Regel ein sehr ehrliches Feedback und können dies auch untereinander gut annehmen. Setzen Sie deswegen (wechselnde) Beobachter ein, die nach Ablauf der Spielphase ihre Wahrnehmungen schildern. Besprechen Sie zuvor, wie ein konstruktives Feedback aussieht und wie man selbst mit Feedback umgehen sollte.

Der Aufbau der Handreichung:
Um Ihnen die Auswahl der Spiele zu erleichtern, können Sie sich an folgenden Symbolen orientieren:

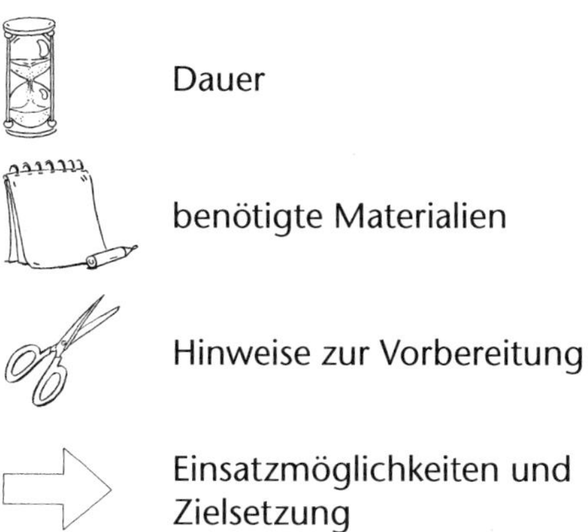

Die angegebene **Spieldauer** ist nur als Richtwert zur Orientierung angegeben, da diese immer von verschiedenen Faktoren wie Schüleranzahl, Klassenstufe oder Schulart abhängig ist.

An folgenden Symbolen können Sie erkennen, für welche **Sozialform** sich die jeweilige Spielidee eignet:

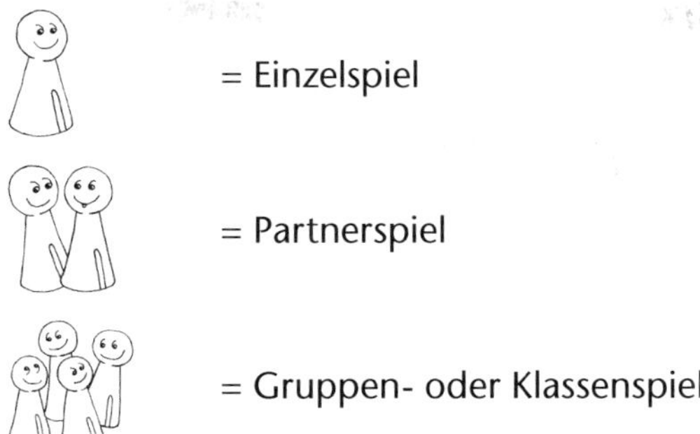

Auch die Empfehlungen bzgl. **Sozialform** und **Klassenstufen** sind als Vorschläge zu verstehen. Passen Sie mit kleinen oder auch größeren Veränderungen die Spielideen an sich und Ihre Klasse an.

Ich wünsche Ihnen und Ihren Schülern viel Erfolg und Freude mit dem Einsatz der 66 Spielideen in Ihrem Erdkundeunterricht.

Sandra Müller-Hoffmann

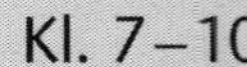

Tafel, Kreiden

Formulieren Sie einen Schlüsselbegriff und schreiben Sie diesen in die Tafelmitte.

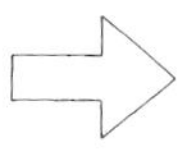

spontane Stoffsammlung zu einem Thema

Zwei bis drei Schüler stehen schreibbereit an der Tafel. Nach einem Startkommando ruft die Klasse diesen zum Begriff passende Assoziationen zu. Die Schüler an der Tafel versuchen nun, möglichst viele der gehörten Begriffe um den Schlüsselbegriff herum zu notieren.

Regeln für die Schreiber:
- Gehörte Begriffe werden zügig an die Tafel geschrieben.
- Es ist für den Einzelnen unmöglich und auch nicht das Ziel, alle genannten Schlagworte zu notieren.

Regeln für die „Rufer":
- Jeder Schüler darf einen Begriff nur einmal rufen.
- Es ist erlaubt, Begriffe aufzunehmen, die bereits ein anderer gerufen hat, die aber noch nicht notiert wurden.
- Die Schlagworte sollten dann gerufen werden, wenn sie möglichst gut gehört werden. Es ist also sinnvoll, eine „akustische Lücke" abzupassen.

Themenbeispiele:

Kontinente; Länder oder Städte, z. B. Orient, USA, Berlin; Wetter; Wasser; Nahrungsmittel aus Europa; Klimawandel; Umweltschutz

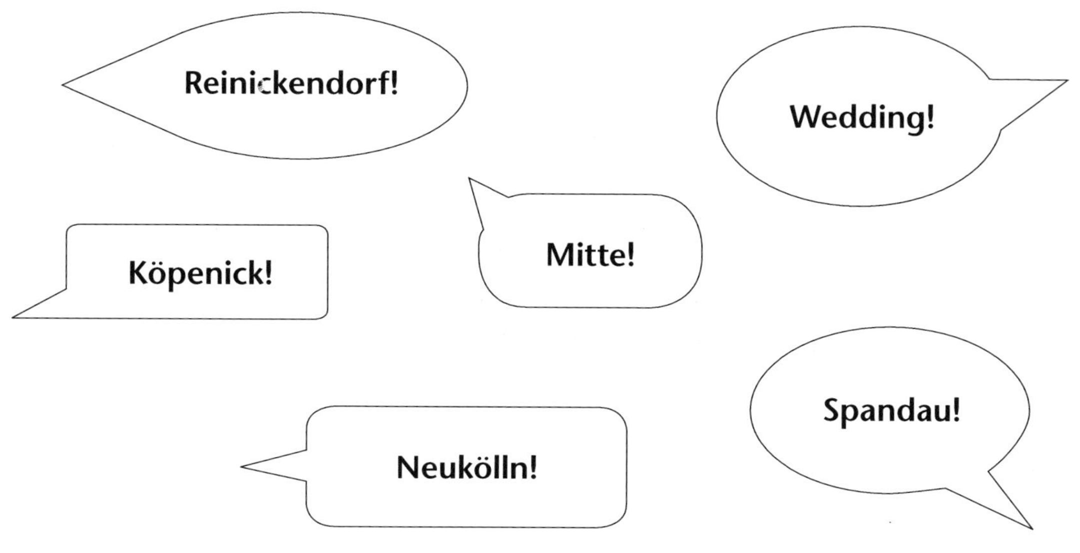

10 Min.

Kl. 5–10

Papier, Stift

Überlegen Sie sich einen Schlüsselbegriff zum Thema.

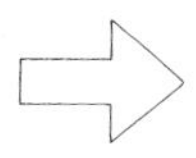

spontane Assoziationen zu einem Thema

Die Schüler fertigen ein vereinfachtes Akrostichon zu einem vorgegebenen Schlüsselbegriff an. Dazu wird dieser in der Mitte des Blattes in Großbuchstaben mit reichlich Zwischenraum notiert. Zu jedem einzelnen Buchstaben werden nun Assoziationen gesucht und – ähnlich einer Mindmap – rundherum notiert.

Wichtig: Es ist darauf zu achten, dass es sich um einen kurzen Begriff ohne Buchstabenwiederholung handelt.

Mögliche Schlüsselbegriffe:

Kontinente; Länder oder Städte, wie z. B. Orient, USA, Berlin; Naturkatastrophen (Sturm, Taifun, Tsunami); Flucht

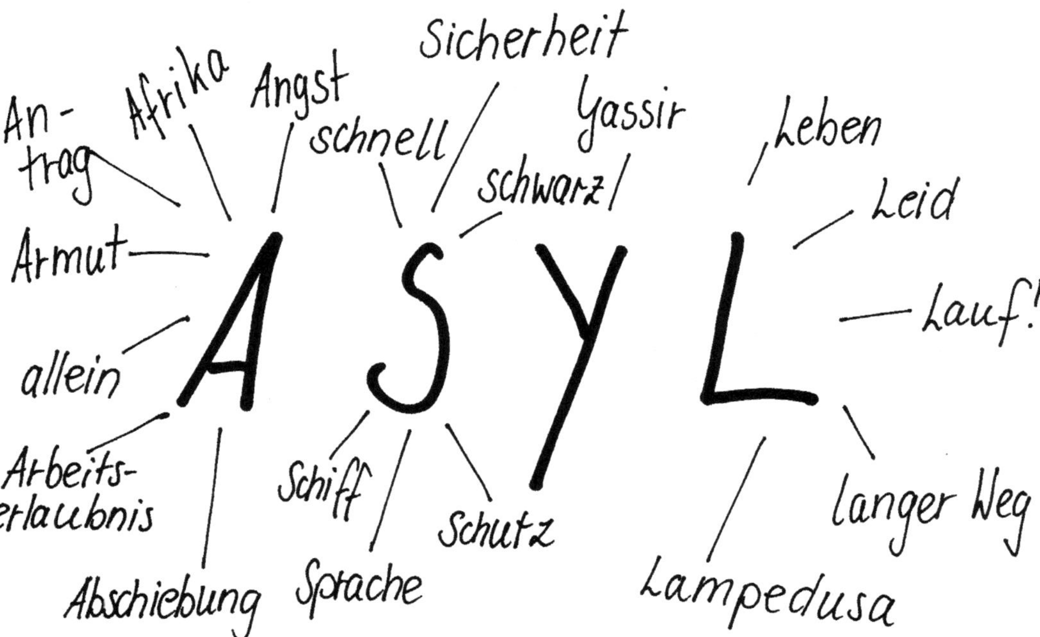

Schuhkartons bzw. Briefkuverts (von den Schülern besorgen lassen!)

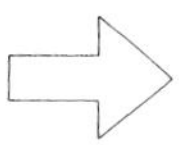

keine

Vorwissen zu einem Thema aktivieren, Zeitungs- und / oder Internetrecherche

Variante 1 (Kl. 5–7):
Als vorbereitende Hausaufgabe werden zu einem Themengebiet Gegenstände gesammelt oder gebastelt und in einen Schuhkarton gelegt. Die Schüler stellen sich den Inhalt ihrer Schatzkisten gegenseitig in Partner- oder Gruppenarbeit vor. Tauschhandel ist möglich.

Variante 2 (Kl. 8–10):
Statt der Schuhkartons werden Briefkuverts verwendet. Diese werden von den Schülern mit Zeitungsartikeln und Bildern zum Thema gefüllt. Der Inhalt der Themenkuverts wird vorgestellt und verglichen.

Themenbeispiele:

Planeten, Natur- oder Kulturräume, Gesteine, Länder Europas und der Welt (evtl. arbeitsteilig), Klimaveränderung, Bevölkerung

1.4 Kofferpacken

  10 Min.

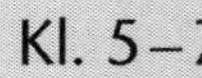 Kl. 5–7

 keine

 keine

 Konzentration, Aktivierung von Vorwissen

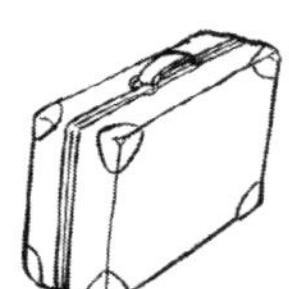

In Anlehnung an den bekannten Spieleklassiker sagen die Schüler nacheinander jeweils: „Ich packe meinen Koffer und nehme … mit.“ Jeder reiht, nachdem er die Begriffe der Vorgänger wiederholt hat, ein weiteres Wort zum vorgegebenen Thema an.

Themenbeispiele:

Länder Europas:	„Ich reise durch Europa und zwar zuerst nach …“
Automobilindustrie:	„Wenn ich mir ein Auto kaufe, dann ist das ein …“

1.5 Bilderbuffet

 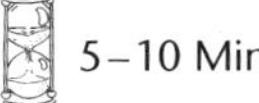 5–10 Min.

Kl. 5–10

 Bilder

 Legen Sie die Bilder auf einer Tischreihe oder dem Fensterbrett aus und formulieren Sie eine Leitfrage.

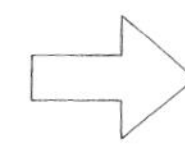 Aktivierung von Vorwissen, Bewusstwerden von Einstellungen, Meinungen

Die Schüler betrachten schweigend die bereitliegenden Bilder unter dem Aspekt der gestellten Leitfrage und tauschen sich danach paarweise oder im Unterrichtsgespräch darüber aus.

Themenbeispiele:

Kinder in anderen Ländern: Mit wem würdest du für einen Tag tauschen?

Tourismus: Welches Bild spricht dich besonders an?

bei Bedarf: naturreines Duftöl, Papiertaschentuch, meditative Musik

Überlegen Sie sich eine kurze Fantasiereise, die Sie in Stichpunkten mit Pausenzeichen notieren.

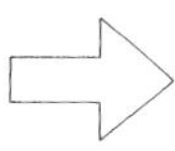

Wahrnehmung, Konzentration, Fantasie, Einstimmung

Erklären Sie der Klasse, dass Sie nun gemeinsam auf eine kleine Fantasiereise gehen. Sorgen Sie für eine entspannte Atmosphäre (Licht aus, ruhige Stimme, evtl. meditative Musik). Fordern Sie die Schüler auf, sich bequem hinzusetzen – die Augen können, müssen aber nicht geschlossen werden. Der Kopf darf auf den verschränkten Armen auf dem Tisch abgelegt werden. Fordern Sie die Schüler auf, tief durchzuatmen. Drückt oder stört noch etwas?
Formulieren Sie nun mit ruhiger Stimme aus Ihren Stichpunkten eine Geschichte, der die Kinder gedanklich folgen können. Unterstützend können Sie Düfte einfließen lassen, indem Sie ein Papiertaschentuch mit einem Tropfen Duftöl tränken und damit wedeln. Lassen Sie während Ihres Vortrags immer wieder Pausen.
Zum Abschluss zählen Sie langsam und zunehmend lauter rückwärts von vier bis eins. Leiten Sie dabei zu folgenden Bewegungen an: 4 → kleine Bewegungen der Finger und Zehen, 3 → Hände/Füße kreisen, 2 → räkeln und strecken, 1 → Augen auf

Tipps:
- Sprechen Sie möglichst viele Sinne an.
- Lassen Sie Raum für eigene Bilder. Hilfreiche Formulierungen sind: „Vielleicht fühlt es sich … an oder eher …", „Wenn du möchtest, kannst du …"
- Erzeugen Sie keine negativen Gefühle oder Stimmungen.

Themenbeispiele:

Regenwald, Flug über die Großlandschaften Deutschlands, Erwandern der Höhenstufen der Vegetation, unterschiedliche physikalische Wärmeeigenschaften von Wasser und Festland (warmer Teer, kalte Pfütze), Bazar (Duft: Gewürze), Vegetation in Südeuropa (Duft: Zitrusfrüchte, Kräuter)

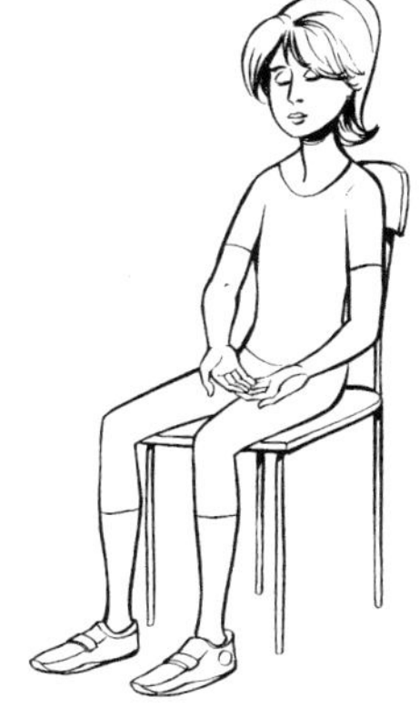

Plakate, Kleber, Stifte, (Schere, Briefkuverts)

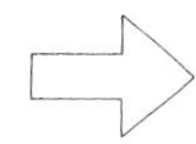

Entwerfen Sie Informationskärtchen und evtl. eine Leitfrage zu einem Thema, die Sie für jede Gruppe bzw. jedes Paar in einen Umschlag geben.

Erarbeitung eines Sachinhaltes, Zusammenhänge erkennen, Informationen bewerten

Die Schüler sollen die Kärtchen sinnvoll auf dem Plakat anordnen und zusätzlich mit eigenen Ergänzungen und Symbolen (Folgepfeile, Klammern) versehen. Je nach Klassenstufe und Zeiteinsatz können Sie einen oder auch zwei Handlungsstränge (einen sachlichen und eine Rahmenhandlung) entwerfen und zwischen fünf und 20 Kärtchen anfertigen. Bei zwei Handlungssträngen empfiehlt es sich, neben den Sachinformationen, Informationen zu einer persönlichen Geschichte zu entwerfen und diese beiden Handlungsstränge mit einer übergeordneten Leitfrage zu verbinden.

Tipp:
Um Vorbereitungszeit zu sparen, können Sie die Kärtchen in Tabellenform auf einem Arbeitsblatt von den Schülern selbst schneiden lassen.

Themenbeispiel: Ozon

Oma Müller führt ihren Hund jeden Mittag um 13.00 Uhr spazieren. An manchen Tagen jedoch verzichtet sie darauf und geht erst gegen 17.00 Uhr mit ihm nach draußen.
Leitfrage: Findet den Grund für ihr Verhalten heraus.

Handlungsstrang 1 (persönliche Geschichte): Oma Müller ist 75 Jahre alt. Sie reagiert mit starken Kopfschmerzen auf hohe Ozonwerte im Sommer. Oma Müller besitzt einen Hund namens Fiffi. Mit diesem muss sie einmal täglich einen Spaziergang machen.

Handlungsstrang 2 (Sachinformationen): *Diese Kärtchen enthalten kurze Texte mit Informationen zur Bildung von Ozon und den Auswirkungen einer erhöhten Ozonkonzentration in Bodennähe.*

2.2 Kartenkommentar

Wort- und / oder Bildkarten

Notieren Sie Schüsselbegriffe auf große Wortkarten bzw. drucken Sie passende Bilder groß aus.

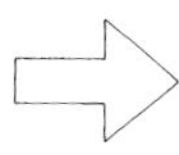

Erarbeitung eines Sachinhaltes, Zusammenhänge erkennen, Bewegung

Verteilen Sie die Wortkarten und / oder Bilder an einzelne Schüler oder Schülerpaare. Diese erhalten den Auftrag aufzustehen und die Wortkarte bzw. das Bild zu zeigen, wenn sie der Meinung sind, dass es inhaltlich zum Unterrichtsgespräch passt. Dann wird die Karte bzw. das Bild an die Tafel geklebt.

Tipp:
Laminate bleiben auf einer angefeuchteten Tafel haften.

Das folgende Unterrichtsgespräch wird auch für Sie eine spannende Angelegenheit, denn Sie müssen damit rechnen, dass Wortkarten / Bilder unerwartet oder gar nicht hergezeigt werden. Lassen Sie sich von den Schülern erklären, warum sie gerade diesen Zeitpunkt im Gespräch als passend für ihre Karte / ihr Bild empfinden.
Nutzen Sie nicht gezeigte Bilder und Karten als Impuls zur Wiederholung von Gesprächsinhalten.

Tipp:
Integrieren Sie die Wortkarten in das anschließende Tafelbild.

Themenbeispiel: Stockwerkbau im Regenwald

Mögliche Wortkarten:
Baumriesen, Baumschicht, Strauchschicht, Krautschicht, Kampf um das Licht, Stockwerke

Mögliche Bilder:
Pflanzen der unterschiedlichen Stockwerke, Skizze des Stockwerkbaus

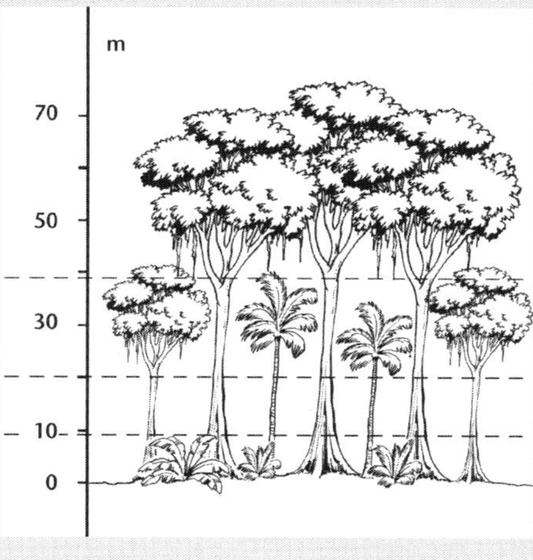

2.3 Lebender Lückentext

variabel

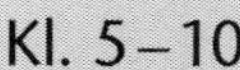
Kl. 5–10

Lückentext und Wortkarten

Schreiben Sie die Lückenwörter auf Wortkarten.

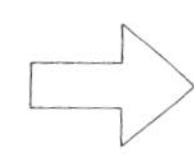
Erarbeitung eines Sachinhaltes, Zusammenhänge erkennen, Bewegung

Verteilen Sie die Wortkarten an einzelne Schüler oder Schülerpaare.
Der Lückentext wird nun langsam vorgelesen und gleichzeitig visualisiert. Der Schüler, der meint, die passende Wortkarte zur Lücke zu haben, steht auf und liest das Lösungswort laut vor. Wenn es richtig ist, wird die Textlücke durch diesen Schüler ergänzt. Dazu können große Wortkarten in der richtigen Reihenfolge an die Tafel geklebt und kleine Folien- oder Papierschnipsel direkt auf die Textlücken gelegt werden.

2.4 Quizkarte

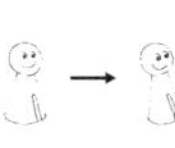

variabel

Kl. 5–8

Karten, Sachtext

keine

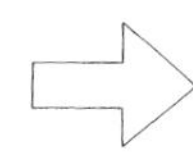
Erarbeitung, Sicherung, Wiederholung von Inhalten, Bewegung

Jeder Schüler überlegt sich zu einem bereits erarbeiteten Inhalt oder zu einem Sachtext z. B. fünf Fragen, die er auf Karten notiert. Die Antwort wird auf die Rückseite geschrieben. Danach befragen sich die Schüler paarweise gegenseitig. Wird die Antwort gewusst, wechselt die Karte den Besitzer. Wer hat am Ende die meisten Karten?

Tipp:
Um Bewegung in die Klasse zu bringen, können die Paare, nachdem jeder eine Frage gestellt hat, wechseln.

2.5 Paketdienst

> 10 Min. | Kl. 5 – 10

Papier, (Bunt-)Stifte, Arbeitsblatt / Folie mit „Paketen“

Bereiten Sie zu einem Oberthema inhaltlich unterschiedliche „Pakete“ aus Schlüsselbegriffen, Formulierungshilfen, Skizzen und evtl. Symbolen vor.

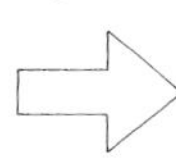

Wiederholung und Festigung eines Sachinhaltes

Visualisieren Sie die „Pakete“ per Folie oder Arbeitsblatt. Jeder Schüler kann nun selbst entscheiden, welches Paket er bearbeiten möchte; also zu welchem Paket er einen Text formulieren (Kl. 7 – 10) oder ein Bild malen (Kl. 5 / 6) möchte. Anschließend können sich die Schüler in Gruppen oder Paaren ihre Ergebnisse gegenseitig vorstellen.

Themenbeispiele:

Leben in unterschiedlichen Klimazonen, Klimaelemente, Klimafaktoren, verschiedene Plattenbewegungen

2.6 Puzzle®

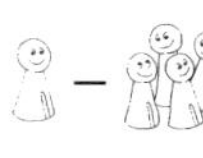

variabel | Kl. 5 – 10

Puzzleteile (bzw. unzerschnittenes Ausgangsmaterial, Scheren)

Zerschneiden Sie Texte, Bilder, Schemazeichnungen oder Karten in Puzzleteile.

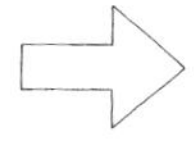

Erarbeitung, Sicherung und Wiederholung von Inhalten

Die Schüler setzen die Puzzleteile richtig zusammen.

Tipps:

- ▶ Geben Sie die unzerschnittenen Materialien an die Schüler, damit diese die Puzzleteile selbst anfertigen. Zum Zusammensetzen lassen Sie die Puzzles austauschen.
- ▶ Diese Methode eignet sich auch gut zur Gruppenbildung.

Zerschneiden Sie pro Gruppe eine alte Postkarte in drei bis sechs Teile (≙ Gruppengröße). Mischen Sie die Teile und lassen Sie jeden Schüler ziehen. Innerhalb kurzer Zeit sind die Puzzles zusammengesetzt und die Zufallsgruppen stehen fest.

Themenbeispiele:

Stadtplan (Planquadrate); Gesteins-, Wasser- oder Armutskreislauf; Entstehung von Erdöl

Plakate mit Material zum Aushängen

Bereiten Sie zu einem Oberthema inhaltlich unterschiedliche Plakate mit **großen** Bildern, Texten und Diagrammen vor. Entwerfen Sie dazu passende Arbeitsaufträge.

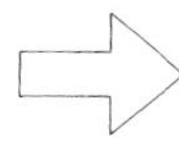

Erarbeitung, Sicherung und Wiederholung von Inhalten; Bewegung

Hängen Sie eine angemessene Anzahl von Plakaten großzügig auf dem Gang aus. Bei sehr großen Klassen können Sie jedes Plakat doppelt in der gleichen Farbe aushängen, sodass sich die Schüler lockerer verteilen. Nutzen Sie das Treppenhaus oder die Aula.
Die Schüler wandern nun, wie in einer Galerie, von Bild zu Bild und erfüllen die Arbeitsaufträge. Erklären Sie vorher, dass Sie die Weite und die Bewegungsmöglichkeit im Gang natürlich nur bieten können, wenn Schüler in anderen Klassenzimmern dadurch nicht gestört werden.
Halten Sie sich während der Arbeitsphase ebenfalls in der Galerie auf. So können Sie die Schüler beaufsichtigen und stehen für Fragen unmittelbar zur Verfügung.

Tipp:
Der Gallery Walk eignet sich auch als Präsentationsmethode bei Gruppen-/Projektarbeiten. Im Wechsel kann ein Gruppenmitglied als Moderator das eigene Plakat erklären, während die anderen umherwandern und die Ergebnisse der anderen Gruppen besichtigen.

Themenbeispiele:

Klima- oder Vegetationszonen, Klimaelemente, Klimafaktoren, verschiedene Plattenbewegungen, kulturelle/wirtschaftliche Vielfalt in Europa, ethnische Gruppen in den USA

2.8 Ich sehe was, was du nicht siehst

 10 Min.

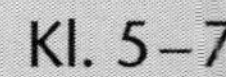

Kl. 5–7

 Bild (z. B. aus dem Schulbuch)

 keine

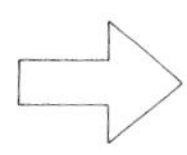 Bildauswertung, Konzentration

Überlegen Sie mit den Schülern, wie sich die Abbildung am besten gliedern lässt (Vorder-, Mittel-, Hintergrund / Zentrum, Rand). Dann tritt ein Schüler, der sich einen Bildpunkt überlegt hat, vor die Klasse und spricht beispielsweise: „Ich sehe was, was du nicht siehst! Es befindet sich im Bildvordergrund." Er darf nun seine Mitschüler aufrufen, die erraten sollen, worum es sich handelt. Wer dabei die Lösung sagt, darf vor die Klasse und die nächste Spielrunde kann beginnen. Sollte nach zehn Rateversuchen der gesuchte Bildpunkt noch nicht gefunden sein, löst der Schüler sein Rätsel auf und bestimmt, wer die nächste Runde anleitet.

Tipp:
Bei einer Luftbildaufnahme oder einer Karte lassen sich auf diese Weise die Himmelsrichtungen gut wiederholen.

2.9 Reisebüro

 45 Min.

Kl. 5–8

 Reisekataloge (evtl. vom Vorjahr aus dem Reisebüro), Plakate, Scheren, Kleber, Stifte

 keine

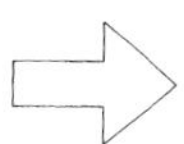 Einstimmung auf einen Raum, Abschluss eines länderkundlichen Themas, Kreativität

Die Schüler planen eine Reise (Ziel, Hotel, Dauer, Aktivitäten, Ausflüge). Die Ergebnisse werden auf einem Plakat dargestellt.

Themenbeispiele:

Berlin, Paris, Urlaub am Mittelmeer, USA, Vereinigte Arabische Emirate, sanfter Tourismus / Massentourismus

3.1 Modellbau

  45 Min. 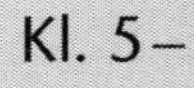 Kl. 5–7

 verschiedene Materialien

 keine

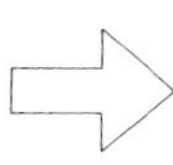 Veranschaulichung, Kreativität

Lassen Sie ihre Schüler mit verschiedenen Materialien Modelle oder Skizzen anfertigen. Im Klassenzimmer bieten sich an: Papier, Karton, Kaffeefilter (Vulkan), Knetmasse, Salzteig. Nutzen Sie auf dem Schulgelände den Weitsprung-Sandkasten und Naturmaterialien. Lassen Sie die Schüler mit Kreide auf dem Pausenhof malen.

Themenbeispiele:

Vulkane, Talformen nachbauen, Grundrisse oder Kontinente / Länderumrisse nachlegen

3.2 Sonnensystem-Simulation

  30 Min. Kl. 5/6

 Kreide

 keine

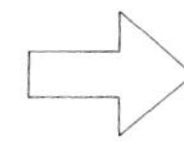 Veranschaulichung, Bewegung

Die Schüler zeichnen auf dem Schulhof die Sonne und die Planetenbahnen großzügig auf. Dann simulieren sie das Sonnensystem, indem sie die Planetenbewegungen nachspielen.

Tipp:
Schüler, die keine „Rolle" erhalten haben, sind entweder Beobachter und beschreiben danach das Geschehen, oder sie stellen nur Sonne und Erde (Rotation und Revolution) nach.

3.3 Zoomer

 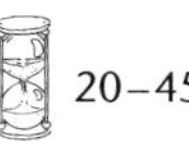 45–90 Min. | Kl. 7–10

 Karten- oder Profilvorlage, Plakate, Stifte, evtl. Klebeband

 keine

 Topografie-Kenntnisse vertiefen

Mithilfe des Tageslichtprojektors oder Beamers wird die Vorlage auf Plakaten, die auf die Projektionsfläche geklebt werden, abgebildet. Die Schüler übertragen nun die Umrisse und gestalten die Karten / Profile danach farbig aus.

Tipp:
Profile können in Abschnitte unterteilt werden. Die fertigen Plakate ergeben dann – aneinandergeklebt – das komplette Profil.

Themenbeispiele:

W-O-Profil USA / Indien, N-S-Profil Deutschland, Kontinente, Länder, Bundesländer

3.4 Steine-Detektiv

20–45 Min. | Kl. 5 / 6

 Steine

 keine

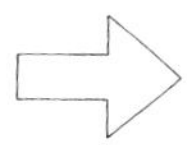 Kategorisieren, Kreativität

Lassen Sie die Schüler je drei Steine mitbringen. In der Gruppe werden diese beschrieben und nach Ähnlichkeit angeordnet. Geben Sie dabei keine Kategorien vor, denn dann werden Sie feststellen, dass nach Farbe, Größe oder Form, evtl. sogar nach Korngröße sortiert wird. Die einzelnen Gruppen stellen ihre Ergebnisse der Klasse vor.

4.1 Richtig oder falsch?

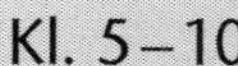

keine

Entwerfen Sie zu einem Themenbereich Aussagesätze, die richtig bzw. falsch sind.

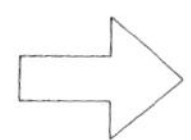

Sicherung, Wiederholung, Bewegung

Lesen Sie einen Satz vor und zählen Sie von drei rückwärts. In der Zwischenzeit entscheiden die Schüler, ob die Aussage richtig ist.

Variante 1 (Kl. 5–6):
Bei eins stehen die Schüler auf, die der Meinung sind, der Satz ist korrekt. Diejenigen, die glauben, er ist falsch, gehen in die Hocke.

Tipp:
Denken Sie sich eine alternative Bewegung aus oder, noch besser, lassen Sie die Schüler überlegen.

Variante 2 (Kl. 7–10):
Ältere Schüler können aufstehen bzw. sitzen bleiben oder einen grünen bzw. roten Stift hochhalten.
Um niemanden bloßzustellen, lassen Sie falsche Sätze nur von Schülern verbessern, die dies auch erkannt haben.

Alternative Spielvariante:
Fertigen Sie ein Arbeitsblatt an, auf dem richtige und falsche Aussagesätze stehen. Lassen Sie dieses in Einzelarbeit lösen und danach mit dem Banknachbarn vergleichen.

Beispiel:

Schreibe vor die richtigen Aussagen R und vor die falschen F. Verbessere die falschen Aussagen auf der Zeile darunter.

_____ Mallorca, Menorca und Ibiza gehören zu den Banderolen.

____

_____ Italien liegt in Südeuropa.

____

4.2 Falsche Freunde

variabel | Kl. 5–8

evtl. Atlanten

Überlegen Sie sich Oberbegriffe, die Sie an der Tafel oder auf Folie visualisieren.

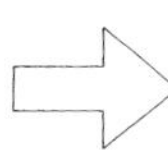

Wiederholung, Übung

Die Schüler notieren sich zu vorgegebenen Oberbegriffen passende Unterbegriffe. Dabei fügen sie einen falschen Freund – also einen unpassenden Begriff – hinzu. Der Banknachbar muss den falschen Freund herausfinden.

Themenbeispiele:

Länder → Stadt, Kontinente → Land, Bundesländer → Stadt, Klimazonen → Klimastation, Erdölförderländer

4.3 Lügen

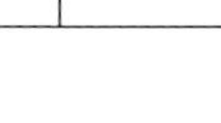

variabel | Kl. 5–8

Arbeitsgrundlage: Text, Diagramm, Bild oder Karte

keine

Wiederholung, Übung, Diagramm-/Bildauswertung, Aufmerksamkeits-/Wahrnehmungsschulung

Die Schüler schreiben ein paar Sätze zu den Informationen aus der Arbeitsgrundlage. In diesen Text werden Fehler (Lügen) eingebaut. Je ein Schüler liest seine Sätze vor, die Klasse zählt danach die Lügen auf und verbessert diese.

Varianten:

- ▶ Die geschriebenen Texte werden mit dem Partner getauscht, dieser streicht die Lügen an.
- ▶ Als Grundlage werden verschiedene Bilder eingesetzt. Der Lügner zeigt das Bild kurz, bevor er dann seine Sätze vorliest.

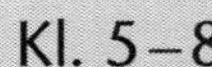

4.4 Route im Kopf

 evtl. Stoppuhr

 keine

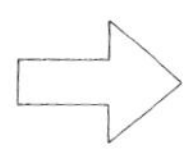 Wiederholung und Festigung von Topografie-Kenntnissen

Die Schüler fahren in Gedanken eine Route nach und nennen die Länder, die sie dabei durchqueren: Dabei kann entweder ein Schüler die gesamte Route aufzählen oder jeweils ein Schüler nach dem anderen nur ein Land.
Lassen Sie die Route auch rückwärts oder gegen den Uhrzeigersinn aufsagen. Wählen Sie verschiedene Startpunkte.
Um einen Wettbewerbscharakter zu erreichen, können Sie die Klasse in zwei Hälften teilen und gegeneinander antreten lassen: Einen Punkt erhält die Seite, die die Route fehlerfrei oder schneller aufsagt.

Beispielrouten:

Deutschlands Nachbarländer, Der Donau entlang, Rund um das Mittelmeer, Amerikas Westküste entlang

4.5 Sieht aus wie

variabel | Kl. 5–7

Wortkarten, Stifte, Karte mit gut sichtbaren Ländergrenzen bzw. Kontinenten

Zur Verdeutlichung können Sie die Länder auch isoliert darstellen oder die Umrisse nachzeichnen.

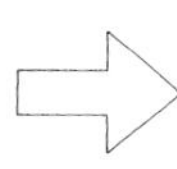

Wiederholung und Festigung von Topografie-Kenntnissen, Kreativität

Visualisieren Sie die Karte so, dass jeder die Länderumrisse sehen kann. Welche Figuren kann man in den Umrissen erkennen? Lassen Sie die Figuren von den Schülern erklären und nebenbei auf der Karte nachfahren. Sammeln Sie die Vorschläge der Schüler auf Wortkarten an der Pinnwand. Lassen Sie die Schüler in der Folgestunde Länder anhand der Umrisse erraten.

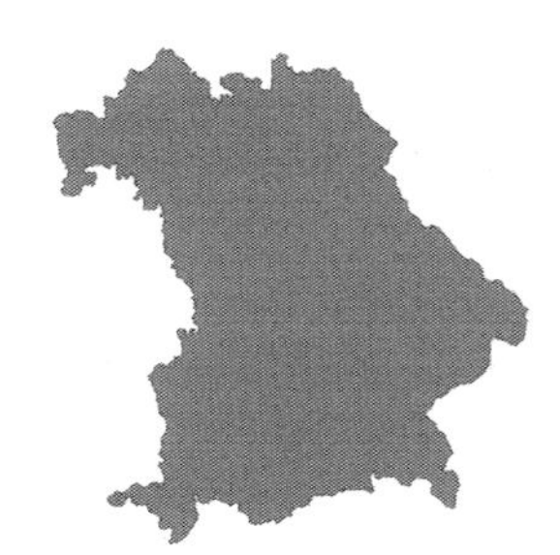

Bayern ein Weihnachtsmann?

4.6 Stadt-Land-Paarsuche

15 Min. | Kl. 5–8

Städte- / Länderkärtchen, Atlanten

Fertigen Sie pro Schüler ein Kärtchen an, auf dem entweder ein Land oder dessen Hauptstadt steht.

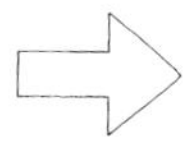

Wiederholung und Festigung von Topografie-Kenntnissen, Bewegung

Jeder Schüler erhält ein Kärtchen, das Sie verdeckt auf den Tisch legen. Auf Kommando werden alle Kärtchen umgedreht. Aufgabe ist es nun, dass sich die Paare, nämlich Land und dazugehörige Hauptstadt, so schnell wie möglich – ohne zu reden – finden. Bei Unsicherheit kann im Atlas nachgeschlagen werden. Schüler, die zusammengehören, gehen an die Tafel und notieren dort Stadt und Land – jeweils ein Paar unter dem anderen. So können Sie sehen, wer sich am schnellsten gefunden hat, und gleichzeitig die inhaltliche Richtigkeit der Ergebnisse überprüfen.

Sandra Müller-Hoffmann: 66 Spielideen Erdkunde

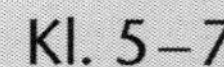

4.7 Kontrolling

5 Min. Kl. 5–7

 keine

 Bereiten Sie die Beschreibung eines Landes, einer Stadt oder eines Gegenstandes vor. Nennen Sie dabei anfangs allgemeine Merkmale, im weiteren Verlauf werden Ihre Hinweise dann immer konkreter.

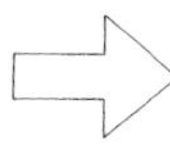 Wiederholung, Sicherung, evtl. Einstieg in eine Unterrichtsstunde, Bewegung

Lesen Sie Ihre Beschreibung langsam vor. Sobald ein Schüler meint, er wisse den gesuchten Begriff, steht er auf. Lassen Sie sich den Lösungsvorschlag ins Ohr flüstern oder auf einem Zettel aufschreiben. Ist die Lösung falsch, setzt sich der Schüler wieder. Ist sie richtig, geht er an den Rand des Klassenzimmers und darf die Vorschläge der nächsten Runde kontrollieren, indem er zu seinen Klassenkameraden geht und sich die Lösungen ins Ohr flüstern lässt. Schüler mit richtigen Antworten werden ebenfalls zu Kontrolleuren. Sind diese schließlich zahlenmäßig überlegen, bleiben sie am Klassenzimmerrand stehen und die Ratespieler gehen zu einem Kontrolleur ihrer Wahl, um die Lösung überprüfen zu lassen.

Tipp:
Durch den Schwierigkeitsgrad Ihrer Merkmale haben Sie es in der Hand, wie lange die einzelnen Spielphasen dauern. So können Sie z. B. das Spiel schnell zu Ende bringen, indem Sie einen relativ eindeutigen Hinweis geben.

Themenbeispiel: Rom

Ich bin Europäerin. Ich trage gerne Stiefel. Man sagt mir nach, ich würde ewig leben. Schnee sehe ich so gut wie nie. Ich bin für ca. 2,5 Mio. Menschen Heimat. Ich beherberge außerdem den kleinsten Staat der Welt. Ich bin in Südeuropa zu Hause. Ich bin eine Hauptstadt. Meine Einwohner grüßen mit „Buon giorno!"

4.8 Nonsens-Länder / Städte

15 Min. | Kl. 5/6

Papier, Stift, evtl. Atlanten oder Karte

keine

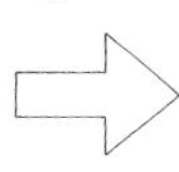

Wiederholung und Festigung von Topografie-Kenntnissen, Kreativität

Die Schüler vertauschen die Wortbestandteile von Ländern oder Städten, sodass neue, unsinnige Namen entstehen. Die Paare stellen ihre Neubildungen dann den Mitschülern vor. Diese erraten die beteiligten Originale und zeigen sie auf der Karte.

Themenbeispiel: Deutschlands Nachbarstaaten

Österlande, Dänelen, Belreich, Niedermark, Frankien, Tschechburg, Poreich, Luxemgien

4.9 Eselsbrücken

10 Min. | Kl. 5–10

keine

keine

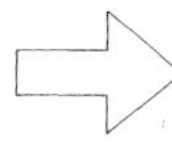

Wiederholung und Festigung von Topografie-Kenntnissen, Kreativität, Lerntechniken anwenden

Die Schüler überlegen sich kreative und lustige Eselsbrücken zu bestimmten Inhalten, um wirksame Merkhilfen parat zu haben.

Beispiele:

Bundesländer – Hauptstädte: Wer fährt per *Anhalter*? *Mägde.* → Sachsen-Anhalt / Magdeburg

Länder – Hauptstädte: In Polen *war* eine Moden*schau.* → Polen – Warschau

ein Helferlein

Besorgen Sie sich ein Erdkunde-Helferlein: Das ist eine Stofffigur, ein Sorgenfresser® oder ein anderes Plüschtier, dem Sie ein Täschchen mit Klettband anheften.

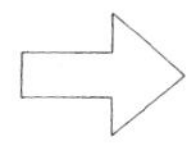
Steigerung der Motivation

Erwecken Sie die Figur zum Leben, indem die Schüler ihr einen Namen geben dürfen.
Beziehen Sie das Helferlein in den Unterricht ein: In dem Täschchen können Sie Briefe, Puzzleteile, Bilder, aber auch Arbeitsaufträge oder Belohnungen verstecken.
Ihr Helferlein war vielleicht auf Reisen und will davon erzählen.
Die Figur kann aber auch so eingesetzt werden, dass sie anzeigt, wer im Unterricht etwas sagen darf. Wer sie in Händen hält, ist an der Reihe.

Wichtig: Der Einsatz eines Helferleins muss Ihnen liegen und ein kleinwenig Lust und Talent zum In-Szene-Setzen sollten Sie dafür unbedingt mitbringen.

4.11 Knickblatt

Knickblätter

Entwerfen Sie ein Arbeitsblatt mit Lösungen in Form eines Knickblattes.

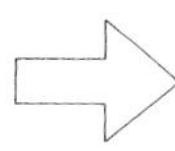
Wiederholung und Sicherung mit Selbstkontrolle

Überlegen Sie sich zum gewünschten Thema kurze Aufgabenstellungen mit Lösungen. Notieren Sie die erste Aufgabe auf dem Arbeitsblatt und ziehen Sie darunter einen Strich quer über die ganze Seite (→ erste Knickstelle). Schreiben Sie darunter die Lösung der ersten Aufgabe. Ziehen Sie wieder einen Strich (→ zweite Knickstelle). Notieren Sie danach die nächste Aufgabe und ziehen Sie einen Strich (→ dritte Knickstelle). Nun folgen die Lösung der zweiten Aufgabe sowie ein Strich zum Knicken. Vervollständigen Sie Ihr Arbeitsblatt nach diesem Prinzip.
Nachdem Sie die Blätter an die Schüler verteilt haben, knicken Sie diese gemeinsam nach dem Ziehharmonika-Muster an den Strichen einmal nach hinten und einmal nach vorne. Dann kann das Bearbeiten der Aufgaben losgehen.

Tipp:
Denken Sie sich, eventuell gemeinsam mit Ihren Schülern, andere Knickmuster aus. Beispielsweise lassen sich die Blätter auch diagonal oder im Briefkuvert-Stil falten.

Themenbeispiele:

Übungsaufgaben: Bestimmung der Lage im Gradnetz der Erde, Berechnung der Zeitzonen
Wiederholung von Arbeitsschritten: Erstellung eines Klimadiagrammes, Auswertung eines Klimadiagrammes nach vorgegebenem Schema
Zuordnung: Klimadiagramme oder Bilder bestimmten Klimazonen zuordnen
Lückentext: Wortspeicher zum Aufklappen als Differenzierung

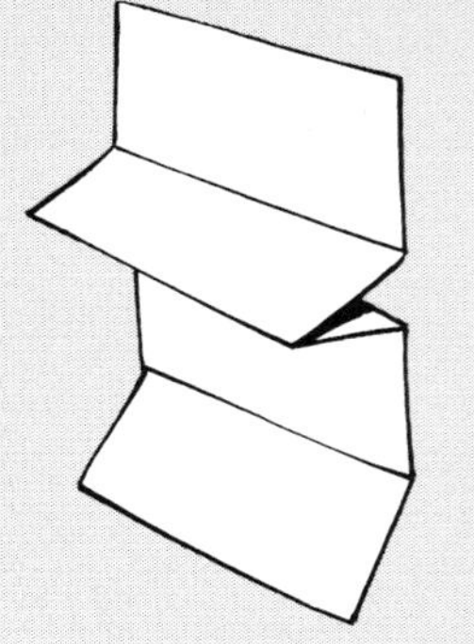

farbige Papierstreifen; ca. 27 x 4 cm

keine

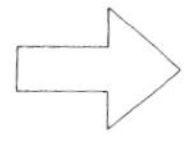

Zusammenfassung, Wiederholung und Sicherung von Inhalten, Kreativität

Das Taschenwissen ist ein kleines Büchlein, das zum einen durch sein Format motiviert und zum anderen Inhalte zusammenfasst und dadurch sichert bzw. wiederholt.
Leiten Sie die Schüler zum Falten des Papierstreifens im Ziehharmonika-Muster an, indem sie den Streifen einmal nach vorne und einmal nach hinten knicken. Je öfter das Papier geknickt wird, umso kleiner werden die entstehenden Felder, also Seiten des Büchleins: Eine Seitenlänge von 5,5 cm ergibt vier Knicke und somit fünf Vorder- und fünf Rückseiten. Die Schüler entwerfen eine kleine Titelseite und bereiten die Inhalte so auf, dass sie im Format des Taschenwissens Platz finden. Stellen Sie die Büchlein innerhalb der Klasse aus, bevor sie schließlich im Mäppchen oder eben in der Tasche verschwinden.

Variante:
Wenn Sie ein Arbeitsblatt als Bastelvorlage entwerfen, haben Sie die Möglichkeit, bestimmte Inhalte vorzugeben. Am einfachsten geht das, wenn Sie zwei gleichgroße einzeilige, fünfspaltige Tabellen mit den gewünschten Inhalten auf das Arbeitsblatt drucken. Die Schüler schneiden dann beide Tabellen aus und kleben sie vor dem Falten mit den Rückseiten aneinander.

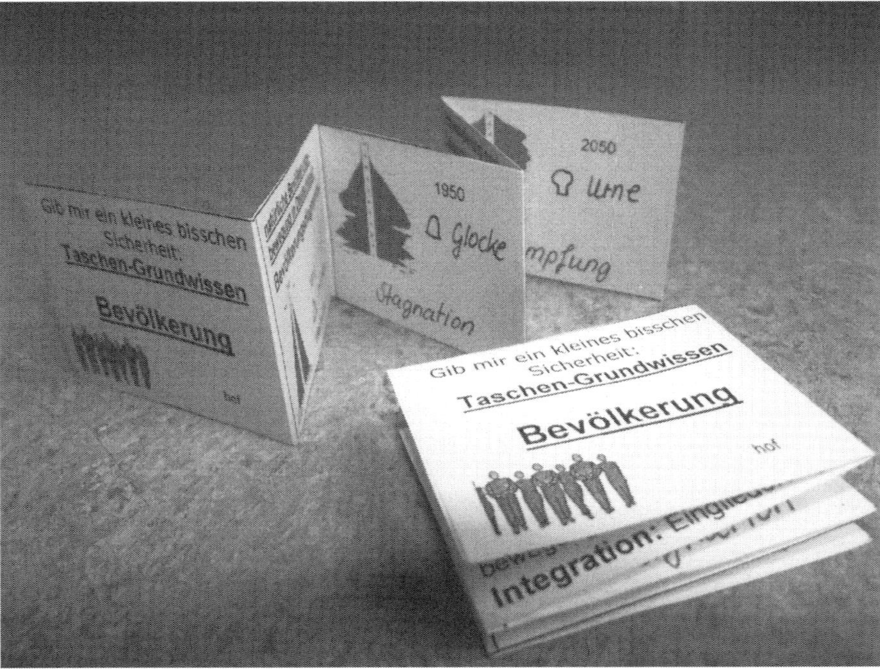

5.1 Atlas-Detektiv

10 Min. | Kl. 5/6

Atlanten, Papier, Stift mit Kappe

keine

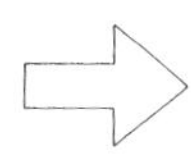

Atlas-Training

Die Schüler arbeiten paarweise zusammen. Jeder der beiden sucht eine Stadt im Atlas, notiert diese auf zwei Blättern – einmal mit Fundstelle (Lösungsblatt), einmal ohne. Dann tauschen die Partner jeweils das Blatt mit der Namensangabe und machen sich auf die Suche: Die Fundstelle wird notiert und die Kappe eines Farbstiftes wird auf die gesuchte Stadt im Atlas gelegt. Die Ergebnisse werden von den Partnern mithilfe des Lösungsblattes korrigiert.

5.2 Reise nach Mexiko

10 Min. | Kl. 5/6

Atlanten

keine

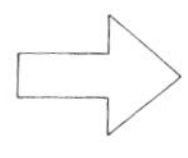

Wiederholung und Festigung von Topografie-Kenntnissen, Konzentration

In Anlehnung an das Spiel Kofferpacken sagen die Schüler nacheinander jeweils: „Wenn ich nach Mexiko will, reise ich über …". Jeder reiht, nachdem er die Begriffe der Vorgänger wiederholt hat, ein weiteres Land oder Gewässer an, das auf der Reiseroute liegt.

Start- und Zielorte können bei mehreren Durchgängen variieren.

Die Konzentration wird stärker eingefordert, wenn die Schüler beim Wiederholen der Route nicht in den Atlas blicken dürfen. Nach der Ankunft im Zielland kann die Route auch einmal komplett rückwärts aufgesagt werden (Heimreise).

Sandra Müller-Hoffmann: 66 Spielideen Erdkunde

Atlanten

keine

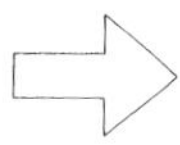

Festigung von Topografie-Kenntnissen, Verbalisierung von Lagebeziehungen, Konzentration

Ein Schüler überlegt sich einen Ort auf einer vorgegebenen Atlaskarte und gibt dazu einen Tipp, z. B. „Ort X befindet sich nördlich der Donau." Bedenken Sie, dass Sie mit der Wahl der Atlaskarte den Schwierigkeitsgrad des Spiels beeinflussen.
Die Klasse versucht nun, mit gezielten Fragen den Ort X herauszufinden. Diese Fragen können sich auf die Lage, aber auch auf andere Merkmale, wie z. B. die Größe oder eine politische Funktion, beziehen. Die Fragen müssen so formuliert sein, dass darauf nur mit Ja oder Nein geantwortet werden muss (Entscheidungsfragen). Nach zehn Verneinungen wird die Lösung genannt.

Tipp:
Es ist sinnvoll, wenn der Lehrer weiß, welcher Ort gesucht wird, um fehlerhafte Antworten zu korrigieren. Auch können zwei Schüler gemeinsam einen Ort wählen und antworten. So werden ebenfalls Fehler minimiert.

Variante:
Die Schüler spielen zu zweit gegeneinander: Wird der Ort erraten, geht ein Punkt an den Fragenden; wird er es nicht, erhält ihn der antwortende Schüler.

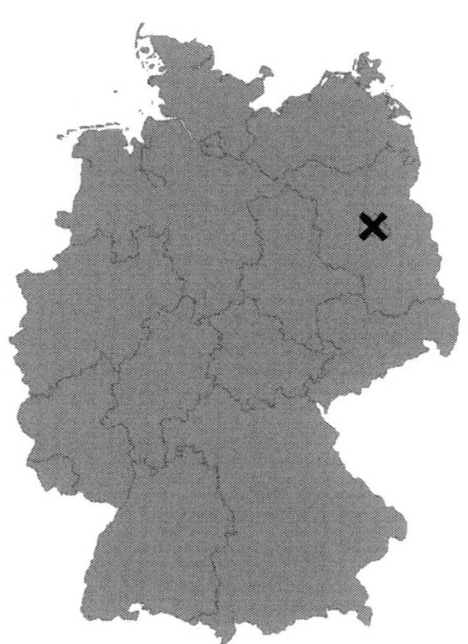

5.4 Nemos Reise

  variabel | Kl. 5/6

 Atlanten

 keine

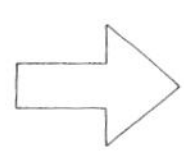 Festigung von Topografie-Kenntnissen, Verbalisierung von Lagebeziehungen

Im Film „Findet Nemo" möchte der Clownfisch unbedingt nach Sydney. In der Klasse legen Sie Start- und Zielpunkt der Reise fest und die Schüler sollen für Nemo eine sinnvolle Route planen. Aber aufgepasst: Ein Fisch kann sich natürlich nur im Wasser fortbewegen. Eine Atlaskarte, auf der die Meeresströmungen eingezeichnet und benannt sind, bildet die Arbeitsgrundlage. In Partnerarbeit notieren die Schüler eine möglichst genaue Wegbeschreibung für Nemo. Lassen Sie danach verschiedene Reiserouten vorstellen.

5.5 Weltmeer-Schiffe-Versenken

  45 Min. | Kl. 5–8

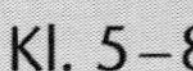

 Atlanten, Trennwände, Papier in drei Farben

 keine

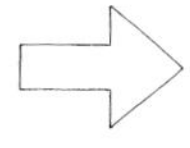 Orientierung auf der Erde, Atlas-Training (Planquadrate)

Nach den üblichen Schiffe-versenken-Regeln spielen zwei Schüler bzw. zwei Schülerpaare gegeneinander. Wenn nicht alle das Spiel kennen, dann lassen Sie einen Schüler den Spielverlauf vorher nochmals erklären. Die Schiffe, Schüsse und Treffer werden mit verschiedenfarbigen Papierkügelchen dargestellt. Das Spielbrett bildet die physische Übersichtskarte der Erde mit ihren Planquadraten.

5.6 Deutschland-Mensch-ärgere-dich-nicht

 45 Min.

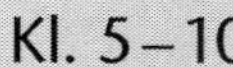

Kl. 5–10

 Atlanten, Würfel, 2 x 4 Spielfiguren, Notizzettel

 keine

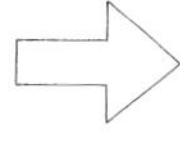 Orientierung in Deutschland, Kommunikation (Regeln aushandeln)

Je zwei Schüler spielen auf der physischen Deutschlandkarte gegeneinander Mensch-ärgere-dich-nicht. Zuvor notiert jeder vier Städte auf je einem Notizzettel. Diese werden gemischt und auf einen Stapel gelegt. Startpunkt ist für beide Schüler München, Ziel ist Kiel. Die Spielfiguren werden entlang der Verkehrslinien von Stadt zu Stadt gezogen. Lassen Sie die Schüler selbst aushandeln, ob der Verkehrsweg während eines Zuges gewechselt werden darf und wie viele Würfelpunkte das evtl. „kostet". Ist die erste Sechs gewürfelt, wird eine Spielfigur auf München gestellt. Der oberste Notizzettel wird gelesen. Diese Stadt muss nun auf dem Weg nach Kiel „angefahren" werden. Ferner gelten die üblichen Mensch-ärgere-dich-nicht-Regeln.

Fortsetzung auf der Folgeseite →

5.6 Deutschland-Mensch-ärgere-dich-nicht – Fortsetzung

 45 Min.

Kl. 5–10

Tipp:
Für den Einsatz in spontanen Vertretungsstunden können die Spielfiguren durch farbige Papierkügelchen ersetzt werden. Würfel finden sich oft im Fundus der Fachschaft Mathematik.

Varianten:

- Die anzufahrenden Städte werden immer bei einer bestimmten Augenzahl gezogen.
- Vor Spielbeginn werden die Notizzettel gemischt und jeder Schüler zieht vier Städte. Mit nur einer Spielfigur muss Kiel möglichst schnell erreicht werden. Die Route dorthin führt über alle vier gezogenen Städte. Dafür müssen sich die Schüler eine sinnvolle Reihenfolge ausdenken.

5.7 ABC-Listen

 variabel

Kl. 5–7

 Papier, Stift, Atlanten

 keine

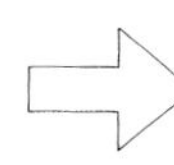 Atlas-Training

Die Schüler legen eine ABC-Liste mit bestimmten Begriffen an, d. h. sie notieren vertikal zu jedem Buchstaben des Alphabets ein Wort aus einer vorgegebenen Kategorie, das mit diesem beginnt.

Mögliche Kategorien:

Städte, Länder, Flüsse, Berge und Gebirge (evtl. aus bestimmten Teilräumen der Erde)

5.8 Stadt-Land-Fluss

variabel

Papier, Stift, Atlanten, Stoppuhr

keine

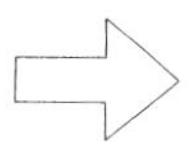

Atlas-Training, Konzentration

Dieser Klassiker wird nach den gängigen Regeln gespielt. Neben Stadt, Land und Fluss wird als vierte Kategorie Berg / Gebirge hinzugefügt. Die Schüler legen nun eine Tabelle mit fünf Spalten an und beschriften diese mit den Kategorien; die letzte Spalte ist für die erreichte Punktzahl. Pro Spielrunde wird versucht, möglichst schnell eine Tabellenzeile mit Wörtern eines bestimmten Anfangsbuchstabens zu füllen. Dazu zählt ein Schüler das ABC stumm vor sich hin bis ihn ein anderer stoppt. Nun steht der Anfangsbuchstabe fest. Sobald ein Teilnehmer Begriffe zu allen Kategorien gefunden hat oder wenn die Stoppuhr abgelaufen ist (1 – 2 Minuten), wird die Schreibphase beendet. Anschließend werden die Punkte vergeben:
5 Punkte gibt es für einen Begriff, den andere Teilnehmer ebenfalls nennen, 10 Punkte für einen, der sonst von keinem mehr notiert wurde und 20 Punkte, wenn kein anderer Spieler überhaupt einen Begriff in dieser Spalte notiert hat. Die Punkte werden addiert und in der letzten Spalte notiert. Am Ende werden die Punkte aller Runden zusammengezählt und der Sieger steht fest.

Tipps:

- Um den Schwierigkeitsgrad zu erhöhen und die Schüler zur Suche im Atlas zu veranlassen, geben Sie einen bestimmten Teilraum der Erde vor, aus dem die geografischen Begriffe stammen müssen. Denken Sie daran, die Spielzeit entsprechend anzupassen.
- Jüngere Schüler lassen sich durch ein oder zwei Kategorien aus alltäglichen Lebensbereichen zusätzlich motivieren: männlicher / weiblicher Vorname, Tier, TV-Serie, Sänger / in, Speise. Denken Sie daran, die Spielzeit entsprechend anzupassen.

5.9 Gipfelstürmer

>25 Min.

Kl. 5–7

20 Kärtchen pro Schülerpaar, Stift, Atlanten

Papier mit der Schneidemaschine zu kleinen Kärtchen schneiden

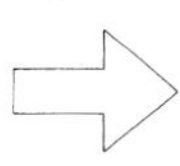
Festigung von Topografie-Kenntnissen

Mithilfe des Atlas notieren je zwei Schüler gemeinsam den Namen eines Berges, dessen Höhe sowie Gebirge und Land, in dem sich dieser befindet, auf je ein Kärtchen (→ 20 Berge).

Die Karten werden gemischt und jeder Schüler erhält zehn Karten. Nun wird jeweils die oberste Karte laut vorgelesen. Derjenige Spieler, der die Karte mit dem höheren Berg besitzt, bekommt die des Partners dazu. Beide Karten werden unten am Stapel angelegt. Nun wird wieder die jeweils obere Karte verglichen. Verloren hat derjenige, der keine Karten mehr hat.

Tipp:
Werden jeweils vier Berge aus einem Gebirge notiert, eignen sich die Karten auch zum Quartettspielen.

5.10 Atlas-Lieblingsseite

/

20 Min.

Kl. 5

Atlanten, große Haftnotizzettel

keine

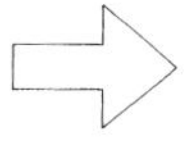
Vertraut werden mit dem Atlas, Begründung der eigenen Meinung

Geben Sie den Schülern Zeit – zu zweit oder alleine – im Atlas zu blättern und zu schmökern. Sie sollen sich dabei für eine Lieblingsseite entscheiden und ihre Entscheidung begründen. Ein Haftnotizzettel, auf dem der Grund notiert wird, dient als Merker für die Lieblingsseite: Lassen Sie diesen von den Schülern farbig gestalten. Den Beginn der folgenden Erdkundestunden können Sie ritualisieren, indem zwei bis drei Schüler ihre Lieblingsseiten kurz vorstellen.

5.11 Routendomino

28 Kärtchen pro Schülerpaar, Stift, Atlanten

Papier zu kleinen Kärtchen schneiden (oder Streifen, die dann die Schüler zuschneiden)

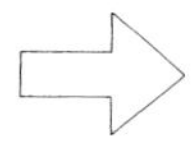

Festigung von Topografie-Kenntnissen

Vorbereitungsphase:

Variante 1 (Kl. 5–6):

Mithilfe der politischen Übersichtskarte der Erde notieren je zwei Schüler gemeinsam die Ländernamen einer selbstgewählten Route auf die Kärtchen. Dabei werden auf jedes Kärtchen zwei Länder geschrieben: Der Vorgänger wird wiederholt und ein neues Reiseland wird angefügt. Es dürfen keine Länder übersprungen werden. An den Kontinentalgrenzen kann über ein Meer auf einen anderen Kontinent übergesetzt werden (Mexiko–USA / USA–Kanada / Kanada–Atlantik / Atlantik–Frankreich ...).

Variante 2 (Kl. 7–8):

Es wird genau wie bei Variante 1 vorgegangen, allerdings notieren die Schüler nur einen Ländernamen auf die Kärtchen; der Vorgänger entfällt. So muss der Atlas nicht nur während der Vorbereitungsphase, sondern auch während der Spielphase verwendet werden.

Spielphase:

Es gelten die üblichen Dominoregeln: Die Karten werden gemischt auf einen Stapel gelegt. Die oberste wird aufgedeckt und jeder Spieler zieht sieben weitere. Nun wird entweder an die aufgedeckte Karte ein- oder mehrmals angelegt oder es müssen bis zu drei Kärtchen vom Stapel gezogen werden. Gewinner ist, wer zuerst keine Kärtchen mehr hat.

Erweiterung:

Die Paare tauschen ihre Dominokarten-Sets untereinander aus und spielen erneut oder legen die unbekannten Routen einfach nur nach.

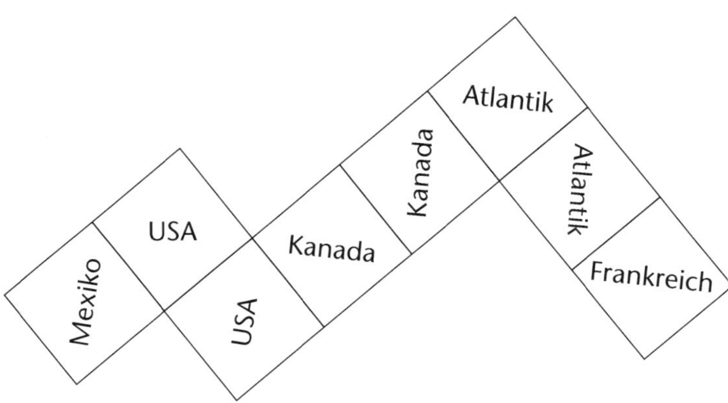

6.1 Lauf-Karte

variabel | Kl. 5–10

Arbeitsblätter „stumme Karte", mehrere Atlanten oder Wandkarten

Kopieren Sie eine stumme Karte im Klassensatz. Legen Sie mehrere Atlanten an verschiedenen Stellen des Klassenzimmers aus bzw. hängen Sie die Karten auf.

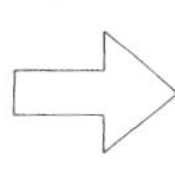

Festigung von Topografie-Kenntnissen, Bewegung

Aufgabe der Schüler ist es, die stumme Karte zu beschriften.
Als Vorlage hierfür dienen die ausgelegten Atlanten bzw. die ausgehängten Karten: Die Schüler gehen zu einer Vorlage, prägen sich einige Informationen ein, gehen zurück zu ihrem Platz und übertragen die Inhalte in die stumme Karte.

Tipp:
Achten Sie darauf, dass alle Arbeitsblätter am Platz liegen bleiben.

6.2 Magische Karte

variabel | Kl. 5–7

Arbeitsblätter „stumme Karte", Bleistift, Radiergummi, mehrere Atlanten oder Wandkarten

Kopieren Sie eine stumme Karte im Klassensatz. Legen Sie mehrere Atlanten an verschiedenen Stellen des Klassenzimmers aus bzw. hängen Sie die Karten auf.

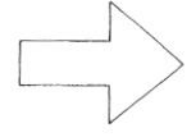

Festigung von Topografie-Kenntnissen, Bewegung

Zuerst beschriften die Schüler die stumme Karte mit Bleistift. Als Vorlage dienen die bereitgestellten Atlanten bzw. die ausgehängten Karten (vgl. 6.1). Dann werden die Arbeitsblätter mit dem Nachbarn getauscht und dieser radiert eine bestimmte Anzahl der Begriffe aus. Die Schüler erhalten ihre magische Karte mit den verschwundenen Begriffen zurück und versuchen – möglichst ohne Vorlage – das Arbeitsblatt wieder zu vervollständigen. Danach werden die Arbeitsblätter gegenseitig korrigiert und Fehler besprochen. Nun können erneut Begriffe ausradiert werden.

6.3 Karte im Kopf

>45 Min.

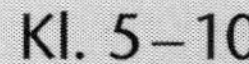

Kl. 5–10

leere Blätter (DIN A4), mehrere Atlanten oder Wandkarten, Buntstifte

Legen Sie mehrere Atlanten an verschiedenen Stellen des Klassenzimmers aus bzw. hängen Sie die Karten auf.

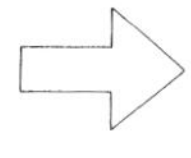

Festigung von Topografie-Kenntnissen, Bewegung, Kreativität

Aufgabe der Schüler ist es, eine physische Karte mit Legende selbst zu zeichnen und zu gestalten. Als Vorlage dienen die bereitgestellten Atlanten bzw. die ausgehängten Karten. Die Schüler gehen zu einer Vorlage, prägen sich einige Informationen ein, gehen zurück an ihren Platz und übertragen die Inhalte auf ihr Blatt.

Tipps:

- ▶ Achten Sie darauf, dass alle Arbeitsblätter am Platz liegen bleiben.
- ▶ Durch vorgegebene Umrisse bzw. Orientierungsmerkmale (Flüsse) können Sie diese Aufgabe vereinfachen und verkürzen.
- ▶ Die Karte (DIN A3) kann auch in Partner- bzw. Gruppenarbeit erstellt werden; evtl. gibt es dann Läufer und Zeichner.

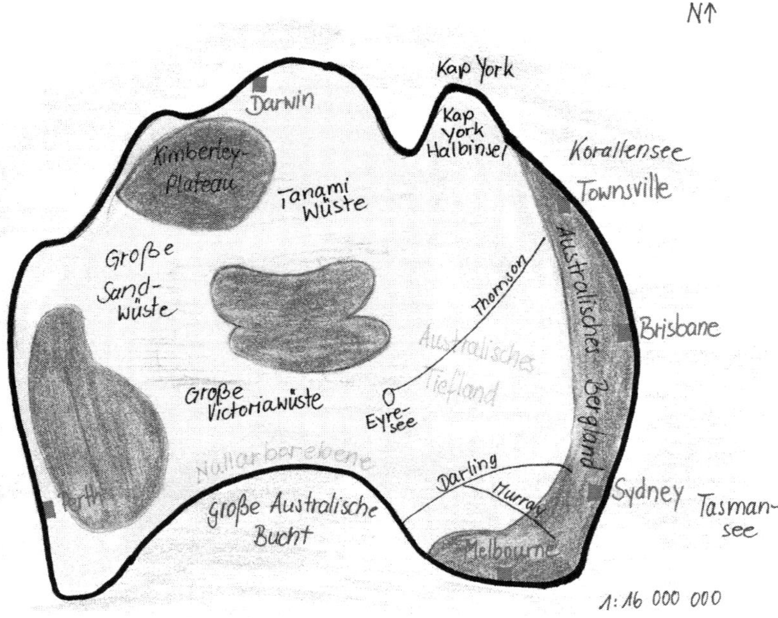

6.4 Buchstabensalat

variabel

Kl. 5/6

Arbeitsblätter „stumme Karte", Atlanten, Bleistift, Radiergummi

Kopieren Sie eine stumme Karte im Klassensatz.

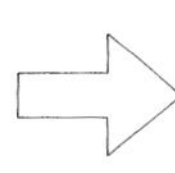

Festigung von Topografie-Kenntnissen

Zuerst tragen die Schüler eine bestimmte Anzahl an Staaten, Städten, Flüssen / Seen, Landschaften und Meeren mit Bleistift in die stumme Karte. Allerdings werden dabei die Buchstaben so vertauscht, dass ein anderer lustiger Name entsteht. Als Vorlage dient dafür die passende Karte im Atlas. Nun werden die Blätter mit dem Nachbarn getauscht. Dieser radiert den Buchstabensalat aus und trägt die richtige Bezeichnung, möglichst ohne Atlaskarte, ein. Danach werden die Arbeitsblätter gegenseitig korrigiert.

Hinweis: Dieses Spiel ist für Kinder mit Rechtschreibschwierigkeiten nur bedingt geeignet.

6.5 Persönliche Karte

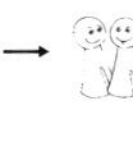

20 Min.

Kl. 8–10

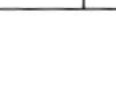

Arbeitsblätter „stumme Karte", Atlanten

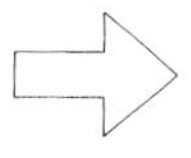

Kopieren Sie eine stumme Karte im Klassensatz.

Vernetzung und Festigung von Topografie-Wissen

Jeder Schüler beschriftet die stumme Karte mit selbstgewählten Angaben, die für ihn bedeutsam sind, z. B. Staaten, Städte, Flüsse, Seen, Landschaften und Meere. Dabei spielt der Grund der Bedeutsamkeit keine Rolle. So können Städte beispielsweise schon besucht worden, aber auch Sitz einer Fußballmannschaft, Wohnort der Tante oder aktuelle Schlagzeile in den Nachrichten sein. Danach stellen sich die Banknachbarn ihre Karten gegenseitig vor.

6.6 Mitwachsende Karte

5 Min.

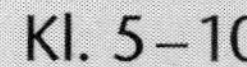

Kl. 5–10

Kartenposter (Welt oder Europa), Pinnnadeln, Wolle

Hängen Sie die Karte an die Pinnwand im Klassenzimmer.

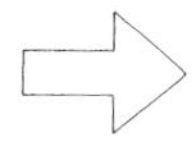

Vernetzung von Topografie-Wissen, räumliche Einordnung von aktuellen Ereignissen

In den ersten fünf Minuten einer jeden Erdkundestunde stellt ein Schüler eine wichtige bzw. interessante Zeitungsnachricht, die er zu Hause vorbereitet hat, der Klasse kurz vor. Der Artikel wird dann auf der Karte verortet: Dazu wird der Zeitungsausschnitt bzw. nur die Schlagzeile oder ein Bild neben das Poster und eine weitere Nadel an den bezeichneten Ort in der Karte gepinnt. Mit der Wolle werden nun die beiden Pinnnadeln verbunden, sodass ein optischer Zusammenhang zwischen Nachricht und Ort des Geschehens entsteht. Im Laufe der nächsten Wochen stellt jeder Schüler einmal eine Zeitungsnachricht vor. So entwickelt sich ein interessantes, spinnennetzartiges Gebilde.

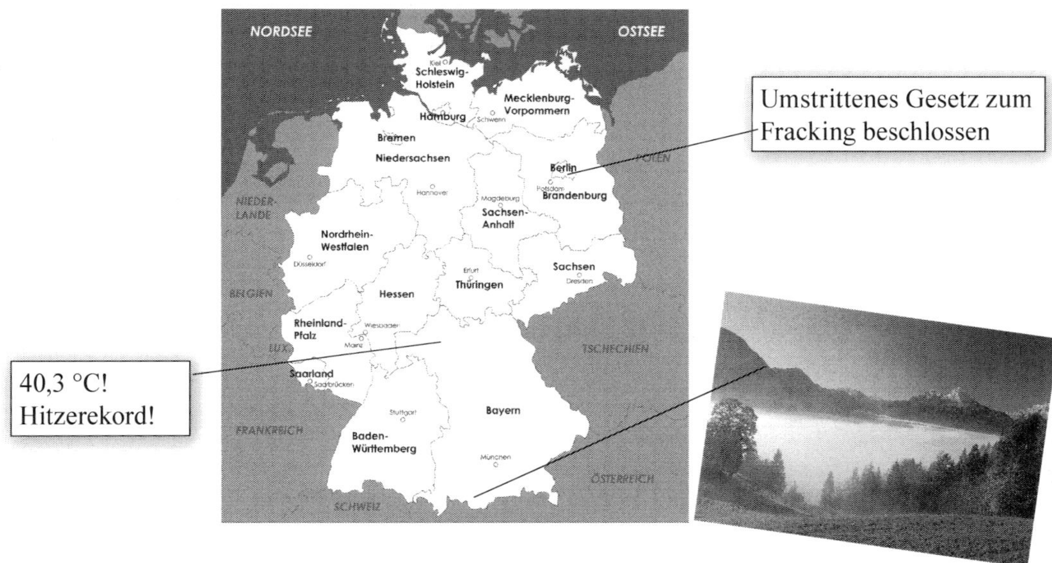

7.1 Daumenprobe

1 Min.

keine

keine

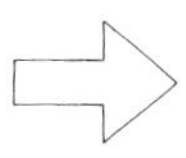

Visualisierung der Verteilung von Zustimmung bzw. Ablehnung (einfache Fragestellungen)

Fassen Sie den Inhalt, zu dem Sie ein Meinungsbild der Klasse einholen wollen, in einem Aussagesatz zusammen und lesen Sie diesen vor. Die Schüler haben nun die Möglichkeit, mit ihrem Daumen symbolisch ihre Einstellung kundzutun:

Das finde ich gut. Das gefällt mir. Das ist richtig.

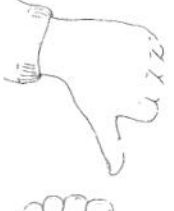

Das finde ich nicht gut. Das gefällt mir nicht. Das ist falsch.

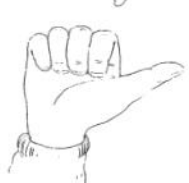

Ich kann mich nicht entscheiden. Ich weiß nicht.

So erhalten Sie einen schnellen Überblick über die Verteilung der Meinungen in Ihrer Klasse.

Tipp:
Führen Sie die Daumenprobe vor und nach einer Unterrichtseinheit durch, so können Sie sehen, ob sich dadurch die Einstellungen in Ihrer Klasse verändert haben.

Variante:
Statt den symbolischen Daumen können Sie auch rote, grüne und gelbe Karten bzw. Farbstifte (Ampelmethode) hochhalten lassen.

Themenbeispiele:

ökologische Landwirtschaft, Asylpolitik in Deutschland, Energiewende

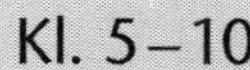

Klebeband, beschriftete Blätter für die Endpunkte

Notieren Sie zwei gegenteilige, extreme Meinungen zu einem Thema auf je einem Blatt.

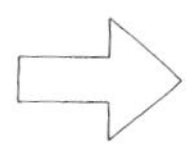

Visualisierung der Verteilung von Meinungen bei komplexen Fragestellungen

Im Gegensatz zur Daumenprobe (vgl. 7.1) ermöglicht es die Meinungslinie den Schülern, einen Standpunkt zwischen zwei Extremen einzunehmen. Markieren Sie mit Klebeband eine Linie durch die ganze Länge des Klassenzimmers von Wand zu Wand. (Ältere Schüler können sich die Linie vorstellen.) Die beiden Blätter mit den extremen, konträren Meinungen hängen Sie an den Endpunkten der Linie auf. Nun suchen sich die Schüler einen Platz auf der Linie aus, je nachdem wie sehr sie zu der einen oder anderen Meinung bzw. Seite tendieren, und visualisieren so ihren Standpunkt. Lassen Sie ein paar Standpunkte begründen.

Themenbeispiele:

Sanfter Tourismus – Massentourismus, Wildlachs – Lachs aus Aquakultur, Atomstrom – alternative Energien, Verschärfung / Lockerung der Asylgesetze

Varianten:

- Mithilfe von Rollenkarten stellen sich die Schüler stellvertretend für einen bestimmten Personenkreis auf.
- Ebenso ist es möglich, in Gruppenarbeit Plakate anfertigen zu lassen, auf denen die Meinungslinie und der Standpunkt der einzelnen Personen eingezeichnet werden. Fordern Sie Begründungen ein.

Themenbeispiel: Hähnchenfleisch aus Bio- / Massentierhaltung

Frau Lieb	– Vorsitzende des örtlichen Tierschutzvereins
Herr Monete	– Landwirt, Besitzer eines Hähnchenmastbetriebs
Frau Allerbest	– Mutter von zwei kleinen Kindern
Herr Konsum	– Supermarktbesitzer
Herr Joblos	– momentan ohne Arbeit
Peter Viel	– 15 Jahre, immer hungrig

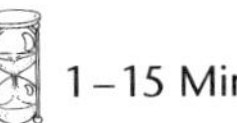

 Arbeitsblatt „Wettersymbole“, Schere, Plakat, Stift

 Kopieren Sie ein Arbeitsblatt mit verschiedenen Wettersymbolen im Klassensatz.

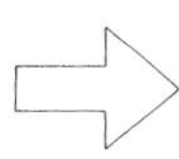 Überblick über Stimmungen, Meinungen

Zuerst werden die Symbole ausgeschnitten, deren Bedeutung festgelegt und auf einem Plakat für alle visualisiert, z. B.:
Sonne – Mir geht es gut. Das hat mir gefallen.
Gewitter – Mir geht es nicht gut. Das hat mir nicht gefallen.
Nebel – Ich weiß nicht genau. Es gibt noch Unklares.
Regen – Ich bin traurig. Es war eintönig, langweilig.

Tipp:
Da die zeitaufwändigen Vorarbeiten nur beim ersten Mal anfallen, ist es sinnvoll, den Einsatz der Wetterkarten zu ritualisieren, also das Feedback regelmäßig in die Unterrichtsstunden einzubauen.

Varianten:
- Durch Hochhalten der Symbole erhalten Sie einen schnellen Überblick über die Stimmungen in Ihrer Klasse. Wenn Sie die Symbole an die Wand pinnen lassen, wahren Sie dabei die Anonymität der Schüler.
- Am Stundenende können Sie sich so ein Feedback zum Unterricht oder dessen Inhalte geben lassen.
- Es ist außerdem möglich, Arbeitsprozesse (Gruppenarbeiten, Projekte) oder mehrere Aspekte nacheinander (Stationen einer Exkursion, Aktionen einer Klassenfahrt) zu bewerten, indem die Kärtchen von einzelnen Schülern oder der ganzen Gruppe in chronologischer Reihenfolge gelegt oder geklebt werden. Allerdings müssen dann mehrere Kartensätze zur Verfügung stehen.

7.4 Blitzlicht / Rundgang

3–7 Min.

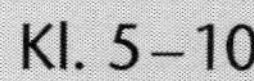

Kl. 5–10

Gegenstand zum Weiterreichen, z. B. Ball, Stein, Helferlein

keine

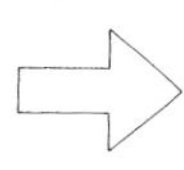

Überblick über Stimmungen oder Meinungen, Inhalte sammeln

Der Gegenstand wird reihum gereicht. Währenddessen geben die Schüler auf eine Fragestellung eine knappe, „blitzlichtartige" Antwort (ein Wort bis ein kurzer Satz). Bei der Variante „Rundgang" dürfen die Antworten ausführlicher sein (ein bis zwei Sätze).

Tipps:

▶ Nur wer den Gegenstand in Händen hält, darf sprechen.
▶ Wer nicht antworten will oder kann, darf den Gegenstand stumm weiterreichen.

Themenbeispiele:

Wie geht es mir heute? Was nehme ich aus der Stunde mit? Wie kann ich zum Umweltschutz beitragen?

7.5 Bepunktung

5 Min.

Kl. 5–10

ein Klebepunkt pro Schüler (evtl. auch zwei oder drei), Plakate

Notieren Sie je eine Meinung oder einen Aspekt auf ein Plakat.

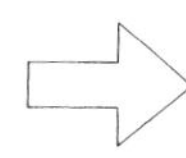

Überblick über Meinungen, Entscheidungsfindung

Hängen Sie die Plakate an verschiedenen Stellen im Klassenraum auf. Jeder Schüler erhält nun einen Punkt und klebt diesen an sein favorisiertes Plakat. Zur Auswertung werden die Plakate miteinander verglichen.

Themenbeispiele:

Entscheidung zwischen verschiedenen Exkursionszielen, Verkehrsplanung: Mein Schulweg soll sicherer werden (Ampel, Zebrastreifen, Querungsinsel, Zone 30)

 keine

 keine

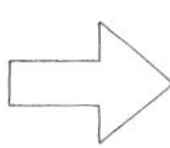 Überblick über Meinungen, Begründung von Meinungen, Zuhören, Bewegung

Fünf bis sieben Schüler stellen sich vor der Klasse in einer Reihe auf, nennen und begründen ihre verschiedenen Meinungen zu einem bestimmten Thema.
Nun wird gespiegelt: Je ein Schüler aus dem Plenum wiederholt in ganzen Sätzen die begründete Meinung eines seiner Mitschüler und stellt sich danach hinter diesen.

Tipps:

- Schüler tendieren dazu, Wettbewerbscharakter einzubauen. Welche Meinung bekommt die meiste Zustimmung? Machen Sie deutlich, dass alle Meinungen wertvoll sind und akzeptiert werden.
- Diese Methode eignet sich besonders zur Gesamtsicherung am Ende einer Unterrichtseinheit zu einem polarisierenden Thema, aber auch Methodenfeedback ist möglich.

Themenbeispiele:

Massentourismus / Tourismus in den Alpen / Auswirkungen des Monsuns / Leben in der Stadt – Fluch oder Segen?
Willkommen in Deutschland – Meinungen zur Immigration

Die Projektarbeit / Exkursion hat mir gefallen / nicht gefallen, weil ...
Der Film hat mir gefallen / nicht gefallen, weil ...

7.7 Meinungswand

je 10 Min. | Kl. 5–10

Wortkarten, Stifte, große Plakate / Klebestifte

Notieren Sie eine passende Frage / einen Schlüsselbegriff auf das Plakat.

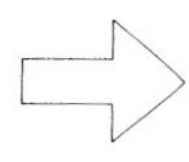

Aufzeigen von Meinungsänderungen

Jeder Schüler schreibt seine Meinung oder seinen Kommentar zu Beginn der Unterrichtseinheit auf eine Wortkarte und klebt diese auf das Plakat. Am Ende der Unterrichtseinheit wird der Vorgang wiederholt. Hängen Sie beide Plakate nebeneinander auf, damit eine Meinungswand entsteht. Ein Vergleich, den Sie dann auch unbedingt mit Ihrer Klasse durchführen sollten, macht den Wissenszuwachs und den Meinungswandel deutlich.

Variante:
Um eine Art Zwischenbericht oder Rückmeldung zu erhalten, kann auch im Verlauf der Unterrichtseinheit ein Plakat mit Wortkarten angefertigt werden.

Dafür eignen sich z. B. folgende Fragestellungen:
- ▶ Was mir jetzt zu denken gibt …
- ▶ Was mir noch nicht ganz klar ist …
- ▶ Das ist neu für mich …

Auch dieses Plakat wird als Teil der Meinungswand aufgehängt.

Praktischer Tipp:
Das Ankleben der Wortkarten geht besonders zügig, wenn Sie oder zwei Schüler kurz vorher mit den Klebestiften das Plakat gleichmäßig von oben bis unten mit klebenden „Strichen" überziehen. Die Klasse muss ihre Wortkarten dann nur noch anheften.

Themenbeispiele:

Wie wertvoll ist ein Eimer Wasser?
Was kümmert mich der Regenwald?
Immer mehr Asylbewerber kommen nach Deutschland.

evtl. ein akustisches Signal (Glocke, Klangschale)

Überlegen Sie sich eine oder mehrere Fragestellungen, zu denen ein Meinungsaustausch erfolgen soll.

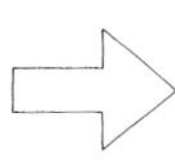
Meinungsaustausch, Bewegung

Die Schüler bilden zwei Kreise zu je gleichviel Personen: einen Innenkreis und einen Außenkreis. Dabei stehen die Teilnehmer so, dass sich Innen- und Außenkreis ansehen. Nachdem Sie die Fragestellung vorgelesen haben, tauschen sich die beiden gegenüberstehenden Schüler darüber aus. Auf Ihr Kommando oder Signal hin drehen sich Außen- und Innenkreis in entgegengesetzter Richtung, bis ein zuvor verabredetes Signal oder Kommando ertönt. Die zweite Runde kann beginnen: Die nun gegenüberstehenden Partner tauschen ihre Meinungen aus.

Varianten:

- Sie können eine Fragestellung mehrmals diskutieren lassen oder den Schülern in jeder Runde ein anderes Thema zum Meinungsaustausch geben.
- Zum Partnerwechsel ist es auch möglich, dass nur ein Kreis um eine bestimmte Anzahl Schüler weiterrückt und der andere am Platz bleibt.

Tipps:

- Verlassen Sie für das Kugellager das Klassenzimmer. Der Ortswechsel schafft Bewegung und motiviert zusätzlich. Außerdem ersparen Sie den Schülern dadurch das Tischerücken.
- Bei ungerader Teilnehmerzahl bleibt ein Schüler übrig. Setzen Sie ihn als Beobachter ein oder lassen Sie ihn die Fragen vorlesen und die Kommandos geben. Wechseln Sie diesen Schüler nach jeder Runde aus.
- Diese Methode eignet sich auch zum mündlichen Sammeln von Informationen, z. B. nach einem Unterrichtsfilm: „Welche Maßnahmen zur nachhaltigen Forstwirtschaft im Regenwald werden im Film aufgezeigt?"

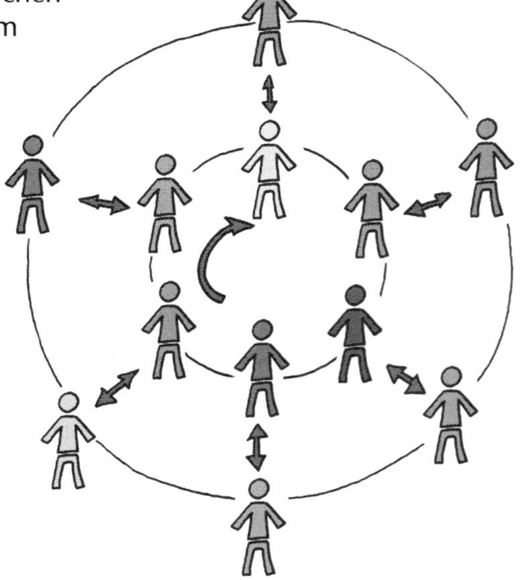

evtl. ein akustisches Signal (Glocke, Klangschale) oder Musik

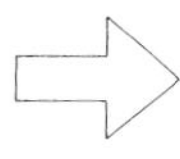

Überlegen Sie sich eine oder mehrere Fragen, zu denen ein Meinungsaustausch erfolgen soll.

Meinungsaustausch, Bewegung, Gruppenbildung

Die Klasse bewegt sich – evtl. zu Musik – frei im Raum. Nach einem Signal bzw. nachdem die Musik leise gestellt wurde, rufen Sie „Sechserpack". Daraufhin bilden die Schüler spontan Gruppen zu sechs Personen. Jetzt lesen Sie Ihre Fragestellung laut vor und die Gruppenmitglieder tauschen in dieser Formation ihre Meinungen dazu aus. Nach einer angemessenen Besprechungszeit erklingt erneut ein Signal bzw. die Musik wird wieder laut und Sie rufen „Zerfall", woraufhin sich die Schüler abermals frei im Raum bewegen, bis Sie erneut zur Gruppenbildung aufrufen, z. B. „Dreierpack".

Varianten:
Sie können eine Fragestellung mehrmals diskutieren lassen oder den Schülern in jeder Runde ein anderes Thema zum Meinungsaustausch geben.

Tipps:
- Variieren Sie die Besprechungszeit je nach Komplexität des Themas und Anzahl der Gruppenmitglieder zwischen einer und drei Minuten.
- Die Anzahl der Schüler lässt sich häufig nicht genau durch die Zahl der Gruppenmitglieder teilen. Das spielt aber keine Rolle. Achten Sie darauf, dass wirklich nur eine Gruppe nicht vollständig ist. Bleibt ein einziger Schüler übrig, so hat er den „Joker" und darf wählen, welcher Gruppe er zugehören möchte.
- Diese Methode eignet sich auch, um zügig Gruppen für eine sich anschließende Erarbeitungsphase zu bilden: Spielen Sie nur zwei kurze Runden mit kleinen „Packs" und einfachen Fragestellungen, bevor Sie in der dritten Runde ihre endgültigen „Packs" bilden lassen, die dann die Arbeitsgruppen darstellen.

Wurfgegenstand (weicher Ball, Päckchen Papiertaschentücher)

keine

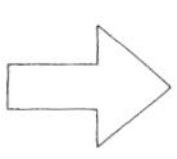
Meinungsaustausch, Schüler rufen Schüler auf

Die Methode Ball kann immer dann sinnvoll eingesetzt werden, wenn Sie viele Schüler zügig hintereinander aufrufen müssen (z. B. Meinungsaustausch, Bildauswertung, Sammelphasen). Werfen Sie den Ball einem Schüler zu, dieser äußert sich zum Thema und wirft den Ball anschließend an einen Mitschüler weiter, der dann an der Reihe ist.

Tipps:

- ▶ Schließen Sie die Fenster.
- ▶ Nur wer den Ball hat, darf sprechen. Das sollte – soweit möglich – auch für den Lehrer gelten.
- ▶ Während der Methode Ball stehen die Schüler, nicht der Lehrer, im Mittelpunkt. Um diese Schülerzentrierung zu unterstützen, können Sie sich auch optisch aus der Mitte des Raums nehmen und vom Rand des Klassenzimmers aus das Geschehen verfolgen.
- ▶ Setzen Sie die Methode Ball nur dann ein, wenn sich viele Schüler gleichzeitig melden, ansonsten besteht die Gefahr, dass der Methode der Schwung fehlt.
- ▶ Wenn Sie die Methode Ball zu Ende bringen wollen, sich aber immer noch sehr viele Schüler melden, dann wird es von der Klasse im Allgemeinen gut akzeptiert, wenn Sie das Ende vorher ankündigen: „Jetzt hören wir uns noch drei Meldungen an."
- ▶ Indem der Werfer vor dem Abspielen den Namen des Fängers nennen muss, wird aus der Methode Ball zugleich ein Kennenlern-Spiel.

8.1 Erdbeben

10 Min. | Kl. 5–7

keine

keine

Bewegung, Spaß

Dieses Spiel ist eine Abwandlung des Klassikers „Obstsalat“.

Variante 1:
Zuerst werden die Schüler in fünf bis sechs Gruppen eingeteilt. Jeder Gruppe wird ein Land zugeordnet. Nun stellen sich die Schüler im Kreis auf. Eine Person steht in der Mitte und gibt die Kommandos. Ruft sie einen Ländernamen, so müssen alle Schüler, die dieser Gruppe zugeordnet sind, die Plätze tauschen. Ruft der Spielleiter „Erdbeben“, dann „wackeln“ alle Länder durcheinander, d. h. jeder Schüler muss seinen Platz mit einem anderen tauschen. Während des Platztauschens ist die Person in der Mitte immer bemüht, ihrerseits einen Platz im Kreis zu ergattern. Gelingt ihr dies, so ist derjenige, welcher übrig bleibt, der neue Spielleiter.

Variante 2:
Die Schüler suchen sich in ihren Anfangsgruppen je eine Stadt aus ihrem Land aus und merken sich diese. Im Kreis nennen sie nun zuerst reihum laut ihre Stadt und versuchen, sich gleichzeitig möglichst viele der genannten Städtenamen zu merken. Der Spielleiter in der Mitte hat nun drei Kommando-Möglichkeiten: Er kann entweder einzelne Städte aufzählen, ein oder mehrere Länder nennen oder „Erdbeben“ rufen.

Tipp:
Statt mit Länder- und Städtenamen kann auch mit Kontinenten und Ländernamen gespielt werden.

 Klebeetiketten

 Bereiten Sie selbstklebende Etiketten für die Rücken der Schüler vor.

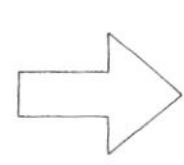 Bewegung, Spaß

Beschriften Sie die Hälfte der Etiketten mit einem und die andere Hälfte mit einem anderen Ländernamen. Mischen Sie die Etiketten.
Die Schüler stehen im Kreis, mit dem Gesicht zur Mitte. Kleben Sie jedem ein Etikett auf den Rücken, ohne dass diese zuvor gelesen werden. Nun müssen sich die Schüler – ohne zu sprechen – je nach Ländernamen gegenseitig in zwei Gruppen sortieren.

Tipps:
- ▶ Je mehr verschiedene Ländernamen Sie verwenden, desto schwieriger wird das Spiel.
- ▶ Diese Methode eignet sich auch, um zügig Gruppen für eine sich anschließende Erarbeitungsphase zu bilden. Die Anzahl der Ländernamen entspricht dann der Anzahl der Arbeitsgruppen.
- ▶ Kostengünstige, aber etwas umständlichere Varianten zu den Etiketten sind Notizzettel, die Sie mit Klebestreifen auf den Schülerrücken befestigen, oder mit Folienstift beschriftetes, selbstklebendes Kreppband.

Variante:
Die Schüler müssen herausfinden, welches Land auf ihrem Rücken steht, indem sie ihre Mitschüler befragen.
Dazu werden Paare gebildet, die sich zuerst einmal gegenseitig auf den Rücken schauen. Dann darf jeder eine Frage stellen, die vom Partner aber nur mit Ja bzw. Nein beantwortet wird (Entscheidungsfrage). Danach sucht sich jeder einen neuen Partner, um diesem eine weitere Frage zu stellen. Wer sein Land erraten hat, kann sich beim Lehrer ein neues Etikett geben lassen und weiterspielen.

8.3 Laufquiz

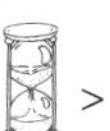

>10 Min.

Kl. 5–7

pro Gruppe ein farbiges Plakat, fünf bis sieben gleichfarbige Fragenkärtchen, ein Stift

Bereiten Sie fünf bis sieben Fragen zu bereits behandelten Inhalten vor. Notieren Sie für jede Spielgruppe die Fragen auf Kärtchen.

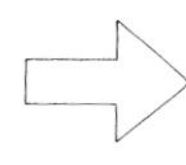

Bewegung, Spaß, Wiederholung

Teilen Sie Ihre Klasse in vier oder fünf Gruppen ein. Jede Gruppe erhält ein farbiges Plakat und einen Stift. Die farblich zu den Plakaten passenden Fragenstapel legen Sie in einiger Entfernung auf dem Boden ab. Die Gruppen sollten sich alle im selben Abstand zu den Fragenstapeln positionieren. Das geht besonders gut, wenn Sie im Gang oder auf dem Pausenhof spielen. Auf ein Kommando hin holt je ein Schüler das oberste Fragenkärtchen, die Gruppe notiert die Antwort auf das Plakat. Ein anderer Schüler trägt das Kärtchen wieder zurück, legt es zuunterst und bringt das nächste mit.
Das Spiel ist zu Ende, wenn

- eine Gruppe alle Fragen beantwortet hat. Damit schaffen Sie Zeitdruck.
- alle Gruppen fertig sind.

Danach wird gemeinsam ausgewertet, richtige Antworten ergeben je einen Punkt.

8.4 Erdballspiel

5–10 Min.

Kl. 5

Riesen-Wasserball „Globus"

keine

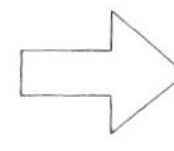

Bewegung, Spaß, Wiederholung der Kontinente und Weltmeere

Die Schüler werfen sich gegenseitig den Erd-Wasserball zu. Der Fänger benennt jeweils die Kontinente bzw. Weltmeere, an denen seine Hände den Ball berühren.

8.5 Unwetterspiel

5 Min.

Kl. 5/6

 keine

 keine

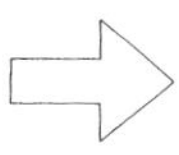 Bewegung, Spaß

Bilden Sie mit Ihrer Klasse einen großen Kreis. Imitieren Sie dann verschiedene Regengeräusche mit Bewegungen, die jeweils im „Laola-Verfahren" von einem Kind zum nächsten „weitergereicht" werden. Die Teilnehmer brechen die alte Bewegung erst dann ab, wenn sie eine neue Bewegung erreicht.

Ablauf:

- Wind kommt auf: Reiben Sie die Hände aneinander.
- Vereinzelte Regentropfen fallen: Schnipsen Sie abwechselnd mit den Fingern der rechten und linken Hand.
- Es regnet gleichmäßig: Klatschen Sie in die Hände.
- Es regnet immer stärker: Klatschen Sie mit den Händen auf die Oberschenkel.
- Starkregen setzt ein: Stampfen Sie mit den Füßen auf den Boden.

Wenn alle Kinder mit den Füßen stampfen, werden die Bewegungen in entgegengesetzter Reihenfolge nochmal ausgeführt: Oberschenkelklatschen, Händeklatschen, Fingerschnipsen, Händereiben. Schließlich ist das Unwetter vorbei.

Themenbeispiel:

Dieses Spiel eignet sich besonders im Zusammenhang mit der Thematik „Wetter und Niederschlag".

keine

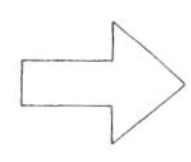

keine

Bewegung, Spaß

Die Schüler stehen auf und erstarren auf Ihr Kommando:
„Es ist Winter. Du bist ein Schneemann. Es ist sehr kalt."
Passend zu Ihren Anweisungen schmelzen die Schneemänner bzw. erstarren kurzzeitig wieder, um danach weiter zu schmelzen:
„Langsam wird es Frühling. Die Sonne gewinnt an Kraft. Es wird wärmer und wärmer. Nachts ist plötzlich wieder Frost. Alles gefriert wieder. Doch am nächsten Tag kommt die Sonne abermals zum Vorschein. Es ist schön warm ..."
Die Kinder lassen Ihre Köpf hängen, sinken in die Knie und erschlaffen, bis sie schließlich auf dem Boden liegen.

Themenbeispiel:

Dieses Spiel eignet sich besonders im Zusammenhang mit den Inhalten „Jahreszeiten" und „Wetter".

Variante:
Die Schüler stehen auf und bewegen sich passend zu Ihren Kommandos:
Sie geben die Werte der Richter-Skala an und die Kinder schwanken bzw. wackeln dementsprechend stark hin und her.

Themenbeispiel:

Diese Variante eignet sich besonders im Zusammenhang mit der Thematik „Erdbeben".

8.7 Serienfax

  10 Min. | Kl. 5–8

 Tafel, Kreide, Papierblätter, Stift

 keine

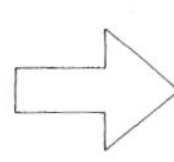 Spaß

Teilen Sie Ihre Klasse in vier Gruppen ein. Jede Gruppe stellt sich in einer Reihe direkt an der Tafel auf, sodass der erste Schüler mit einer Kreide in der Hand schreibbereit dasteht. Notieren Sie einen geografischen Begriff auf einem Blatt Papier. Je länger dieser ist, umso schwieriger wird das Spiel für die Teilnehmer. Zeigen Sie nun den jeweils letzten Schülern in den Reihen gleichzeitig den Begriff auf dem Papier. Diese geben das Wort nun an ihren Vordermann weiter, indem sie es mit dem Finger auf dessen Rücken schreiben. Der Vordermann notiert den Begriff auf gleiche Weise auf dem Rücken seines Vordermannes. Dies geschieht sooft, bis der erste Schüler in der Reihe das (vermeintliche) Wort schließlich an die Tafel schreibt.

8.8 Rhythmus-Stopp

1 Min. | Kl. 5–6

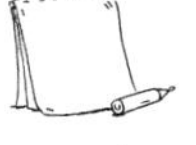 keine

 keine

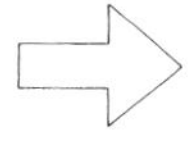 Spaß, Abschluss einer Arbeitsphase, Fokussieren der Aufmerksamkeit

Klopfen Sie am Ende einer Gruppen- oder Partnerarbeitsphase einen kurzen Rhythmus (z. B. We will rock you) auf einen Schülertisch. Sobald die Kinder diesen wahrnehmen, unterbrechen sie ihre Arbeit und klopfen mit. Der Rhythmus ist immer lauter zu hören und bald sind alle dabei. Vereinbaren Sie ein Stopp-Zeichen, um den Rhythmus abzubrechen. In diesem Moment haben Sie die Aufmerksamkeit jedes Schülers und können mit Ihrem Unterricht fortfahren.